Jost Merscher

Letzter Reigen

Jost Merscher

Letzter Reigen

Roman in achtzehn Begegnungen

Bibliografische Information der Deutschen Nationalbibliothek: Die Deutsche Nationalbibliothek verzeichnet diese Publikation in der Deutschen Nationalbibliografie; detaillierte bibliografische Daten sind im Internet über *www.dnb.de* abrufbar.

Jost Merscher, ›*Letzter Reigen*‹
Originalausgabe

Lektorat: Dr. Andreas Brandtner, Hemmingen
Die Titelabbildung gestaltete Jost Merscher; die Vignette ›*Fallender Engel*‹ stammt von Antonia-Louise Merscher,
Gestaltung und Verlag: Ganymed Edition, Hemmingen
ISBN 9783946223-85-6

Printed in Germany

›Vite! est-il d'autres vies?‹
(›Schnell! Gibt's andere Leben?‹)

Arthur Rimbaud

Achtzehn Begegnungen

Angela

Angela versuchte, ein Gähnen zu unterdrücken.

Vor drei Monaten, nach der Schweinerei neben der Tiefkühltruhe, hatte sie Karl und Justine vor die Tür gesetzt. Es war kein Eis gewesen, das Justine gelutscht hatte.

Kurzer Prozess. Schließlich gehörte ihr das Lokal, nicht ihrem schwadronierenden Ehemann. Der hatte zwar immer wie Zampano getan, war aber alles andere als ein Macher.

Sie war die Chefin.

Um ihn tat's ihr nicht leid. Männer, die sie mit ihren Anfang vierzig noch attraktiv fanden, gab's genug. Sie wurde durchaus noch angeschaut.

Außerdem hatte sich ihr Mann seit dem Konkurs seiner Fliesenlegerklitsche und der darauf folgenden Privatinsolvenz immer mehr aufs Wichtigtuerische verlegt. Tönte rum und wusste alles besser. Aber tat nichts. Absolut nichts. Machte idiotische Sprüche und lud großkotzig seine nichtsnutzigen Kumpel ein. Nicht etwa Schützen. Unter denen hatte er keine Freunde mehr, seit er am Stammtisch rumgetönt hatte, dass alle Schützen Mörder seien. Er fand das witzig, die Schützenbrüder nicht. Auch nicht, als er nachschob, dass der Spruch von Tucholsky sei.

Wer war Tucholsky?

An manchen Abenden hatten Karls Buddies mehr Bier und Schnaps in sich hineingeschüttet als die zahlenden Gäste.

Soll ihn doch der Teufel holen! Wird ihn wohl auch, dachte sie, so blöd, wie er sich angestellt hat.

Vor zwei Wochen hatte ihr Frank-Walter erzählt, dass Karl im Koma liege.

Hatte die Braut eines Hells Angels aufgerissen und sich erwischen lassen.

Dumm gelaufen.

Zuerst hatte Angela gedacht, Karl habe einen aufs Maul gekriegt. Verdient hätte er's ja.

Aber so hatte sich´s nicht abgespielt. Als der Hells Angel vorm Bett stand und rumschrie, war Karl auf den Balkon geflüchtet und von da auf den Bürgersteig. Eigentlich kein Problem, Hochparterre, jeder Einbeinige schafft das. Aber Karl verhakte sich mit der um die Knöchel schlabbernden Jogginghose an einer Geländerhalterung für Blumentöpfe, überschlug sich und haute mit dem Kopf auf einen Betonkübel.

Blühende Astern.

Schädelhirntrauma.

Sah nicht gut aus. Wenn er's überhaupt schaffte, dann als sabberndes Wrack.

Arme Sau.

Aber um Justine tat's Angela leid. Justine hatte mit ihrem Schwung nicht nur die Männer zum Bleiben animiert und für Umsatz gesorgt, sie hatte auch kräftig angepackt. Mit ihr lief der Laden.

Den hätte nicht mal Karls Großmannsgetue ruinieren können. Eine gute Zeit. Leider hatte sie nur ein Vierteljahr gedauert.

Mimi, die jetzt bediente, hatte zwar einen süßen kleinen Hintern, aber die Arbeit nicht erfunden. Und die Deckel waren auch nur halb so lang wie bei Justine. Fürs Rumstehen hinter der Theke hatte sie Mimi nicht eingestellt. Aber was sollte sie machen? Wer wollte schon in einer am Waldrand gelegenen Kaschemme weitab von der nächsten Straßenbahnhaltestelle sprücheklopfenden Silberrücken Bier, Korn und Pommes Schranke servieren? Zumal die Witze, die die Herren rissen, keinen Innovationspreis verdienten.

Jedenfalls war Angela seit Justines Rausschmiss dauermüde. Dienstags bis sonntags in der Kneipe, montags frei. Was aber nur mäßig komisch war, wenn man keinen für die Buchführung hatte.

»War spät gestern.«

Erich, der Schützenwart, gönnte sich vorm Übungsschießen um sechs noch ein Pils. Alkohol am Gewehr war eigentlich nicht vorgesehen, aber was bedeutete schon ein Bierchen im Angesicht der Ewigkeit.

Angela rührte mit langen Plastiklöffeln die über Nacht auf dem Kartoffelsalat gewachsene wächserne Blasenhaut unter.

Erich bewunderte sie. Seit anderthalb Jahren Witwer – ein Unfall in den Dolomiten –, bekam er bei ihrem Anblick nicht wenig Lust, es nochmal zu versuchen. Angela war genau seine Kragenweite.

»Ja«, antwortete sie. »Und dann musst' ich heut' schon um acht in die Stadt, das Taubengewehr. Was besseres als Samstagmorgen fällt denen auch nicht ein.«

»Das ging bestimmt nicht anders. Samstags will keiner arbeiten.«

Er räusperte sich.

»Aber versteh' schon. Für dich war's nicht so toll.«

Er sah zu, wie sie die Schüssel unter die Nase hob und schnupperte.

»Und? Wie war's denn?«

Wieder leichtes Räuspern. Kritik an Ämtern war seine Sache nicht.

»Bei der Verteilung der Gewehre soll's ja ein bisschen chaotisch zugehen.«

»War OK. Kam sofort dran.«

Angela spritzte Maggi in den Salat, rührte und schnupperte ein zweites Mal.

»Nicht mehr gut?«

»Doch doch. Aber er soll ja auch schmecken.«

Erich gefiel Angelas umsichtige Art. Hätte auch am Schießstand ihren Mann gestanden. Sie wusste, man musste auf dem Quivive sein. Sonst passierte was. Nichts Gutes.

»In der Zeitung steht, dass es nicht genug Patronen gibt.«

»Ich hab' meine ohne Probleme gekriegt.«

Sie viertelte drei Tomaten, halbierte eine Gewürzgurke und legte die Schnitze auf den Kartoffelsalat. Sah aus wie das Zifferblatt einer Uhr. Zehn nach zehn.

Ideen hatte sie! Toll!

»Willste's Gewehr mal sehen? Ich hab's hier.«

Erich erhielt, wie alle Sportschützen, kein Taubengewehr. Sparmaßnahme. Sportschützen sollten mit ihren eigenen Gewehren schießen. Zwar lief noch ein Antrag der Linken, dass jeder ohne Ausnahme eins bekommen sollte, aber der hatte keine Aussicht auf Erfolg. Nicht mal die Grünen unterstützten ihn.

Angela ging in die Küche und kam mit dem Gewehr und einer Schachtel Patronen zurück. Erich hatte schon Fotos gesehen – die BILD hatte gestern zwei Seiten zum Taubennotwehrplan TauNoWeP gebracht –, ein echtes Taubengewehr aber noch nicht.

Erster Eindruck: tadellos.

Großkalibrig, kurzläufig, griffig.

Deutsche Wertarbeit.

»Jetzt dauert's nicht mehr lange und wir sind die Drecksbiester los.«

Er hasste Tauben. Zuletzt hatte man sich kaum noch im Freien aufhalten können. Überall diese Mistviecher. Schlimmer als in Venedig. Schossen auf einen zu, schissen und drehten erst im letzten Moment ab. Reines Glück, wenn man nicht getroffen wurde.

»Hoff' ich auch.«

Angela stellte den kreativ designten Kartoffelsalat in den gläsernen Thekenaufsatz, zwischen die Buletten und die Soleier. Gott sei Dank waren ihre Tresensnacks ein paar Tage haltbar. Der Umsatz hatte die letzten Wochen schwer nachgelassen. Immer mehr Schützen blieben zuhause. Sie ekelten sich vor der Taubenscheiße, die auf dem Weg zum ›Kimme & Korn‹ lag. Die Straßen in der City wurden sauber gespritzt, auch die in den besseren Wohnvierteln. Aber bis in die Walachei fuhren die Putzfahrzeuge nicht. Und da der Herbst nicht ganz so mies wie üblich gewesen war, grau zwar, aber trocken, war der Taubendreck in dieser abgehängten Gegend auch von keinem Regenschauer weggewaschen worden. Während der letzten Wochen hatte sich ein einziger durchgehender schlieriger Film gebildet.

Widerlich. Und schlecht fürs Geschäft.

Erich begutachtete das Gewehr.

Auch auf den zweiten Blick: nichts auszusetzen.

Weihrauch eben.

»Haste schon mal 'mit geschossen?«

»Nö, bin noch nicht 'zu gekommen. War erst einkaufen und beim Friseur und dann gleich hierher. Der Boden muss ja jeden Tag geschrubbt werden. Höchste Zeit, dass mit den Tauben Schluss ist. Noch 'n Pils?«

Es war schon Viertel nach sechs und immer noch keiner da. Warum auch, wo doch überall geschossen werden durfte.

»Heut' kommt sowieso niemand zum Schießen.«

Er überlegte kurz.

»Und 'n Korn.«

Angela hielt ein sauberes Glas unter den Zapfhahn. Die Schaumkrone sah im Schummerlicht der Kneipe wie Taubenscheiße aus. Grünbraune Schatten.

Die Biester haben uns fest im Griff, dachte Erich, nahm das Bier aber trotzdem.

»Haste nicht Lust, es auszuprobieren?«

»Ist's nicht zu dunkel?«

Erich grinste.

»Zum Schießen reicht's.«

Angela schenkte zwei Kurze ein.

»Prost!«

Er nickte ihr zu.

»Auf dich!«

Er stieg vom Barhocker und lud das Gewehr.

»Komm, lass uns rausgehn, solange noch keiner da ist.«

Angela trocknete sich die Hände.

»Zeigste mir, wie's geht?«

»Klar doch.«

Wegen der dichten Wolken war's sehr dunkel. Nur das Leuchtschild über dem Kneipeneingang gab ein wenig Licht.

»Meinste nicht, dass es doch schon zu düster ist?«

Von Tauben keine Spur. Hatten sich wohl verzogen.

»Nein nein. Die Biester hocken da irgendwo im Gebüsch. Knall einfach mal rein. Da hör ich was.«

Erich zeigte auf eine Stelle neben dem Fußweg, der zum Parkplatz führte, vielleicht fünfzehn Meter entfernt. Zu sehen war nichts. Finsterstes Feinschwarz.

Angela nahm das Gewehr, legte es an die Hüfte wie Doris Day in ›*Schwere Colts in zarter Hand*‹ und schoss in die Ligusterhecke.

Erich grinste wieder.

»Dir muss ich nicht zeigen, wie's geht.«

Angela lachte. Ein paar Tauben waren hochgeschreckt und flatterten aufgeregt durch die Luft. Aber schon nach kurzer Zeit setzte sich eine auf einen Ast genau über die Stelle, auf die Angela gefeuert hatte. Gegen die tief hängenden, vom Stadtlicht mild beleuchteten Wolken war ihre Silhouette gut zu sehen. Angela legte an und schoss nochmal.

Volltreffer.

Federn flogen, die zerfetzte Taube stürzte zu Boden.

»Meine erste«, lachte Angela. »Komm, lass uns wieder reingehen. Ich geb' einen aus.«

Es wurde ein schöner Abend. Nach und nach trudelte fast der gesamte Verein ein. Kaum einer, der nicht ein paar Tauben geschossen hatte. Die Stimmung war bombig. Endlich mal wieder ordentlicher Umsatz.

Nur Falco kam nicht.

Sonst war er jeden Samstag im ›Kimme & Korn‹. Allerdings hatte er schon gestern gut zugelangt. Vielleicht Ärger mit seiner Frau. Oder auch nur Angst, nochmal zu versacken. Morgen wollte er in Urlaub, nach Malle. War besser, dann frisch zu sein.

Seine Leiche wurde erst zehn Tage später entdeckt. Sie lag unter einem Baum in einer Mulde hinter der Ligusterhecke. Sah ziemlich übel aus. Gesicht konnte man das nicht mehr nennen, was aus dem blutverschmierten Kragen herauslugte.

War offenbar beim Pinkeln erschossen worden.

Gibt schlimmere Tode.

Die zerfetzte, halb verweste Taube auf seiner Brust überzeugte die Polizei schnell, dass es sich um einen Schießunfall gehandelt haben musste.

Frank-Walter

Samstags läutete im ›Kimme & Korn‹ das Last-Order-Glöckchen schon kurz vor Mitternacht. Das helle Bimmeln der aus der Marienkirche geklauten Altarschelle erinnerte die Schützen an ›*Rudolph the Red-Nosed Reindeer*‹, die literarisch bewanderteren auch an die ›*Chinesische Schlittenfahrt*‹ in Johannes Mario Simmels ›*Hurra, wir leben noch*‹. An Gottesdienst erinnerte es keinen.

Die Schützenbrüder wollten hinausgeworfen werden, bevor's ihnen schwerfiel zu gehen. Zu oft hatten sie nach ihren samstäglichen Schießübungen mit dem Saufen kein Ende gefunden und nicht nur schwer angeschlagen den Sonntag auf dem Sofa verbracht, sondern sich auch katastrophalen Krach mit ihren Frauen eingefangen.

Das konnte auch Angela nicht recht sein. Nach ausufernden Zechgelagen hatte es immer sehr lange gedauert, bis alle Schützen wieder regelmäßig kamen.

Fabian, der keinen Samstagabend ausgelassen hatte, hatte seiner Frau Evelyn – die zweite, gegen die er als feinfühliger Revisionist, der die gröbsten Fehler der ersten Ehe nicht wiederholen wollte, keine Chance hatte –, Fabian hatte seiner Frau nach einem Besäufnis sogar versprochen, das ›Kimme & Korn‹ überhaupt nicht mehr zu besuchen. Zwei Wochen später war er sogar aus dem Verein ausgetreten.

Ein gutes Vierteljahr war das jetzt her. Ein schwerer Schlag für Angela und die Schützenbrüder, hatte Fabian ja regelmäßig Lokalrunden geschmissen.

Heute spendierte Frank-Walter die letzte Runde. Kurze für alle. Angela ging von Tisch zu Tisch und schenkte ein. Mimi war mit Lutz, der sie vor ein paar Tagen endlich rumgekriegt hatte, schon um halb zwölf gegangen. Die Schützen prosteten Frank-Walter zu, kippten den Absacker und verließen mit lautem ›Gut Schuss‹ die Kneipe.

Frank-Walter blieb noch. Er wollte sich ehrlich machen und seinen Deckel zahlen. Außerdem spürte er, dass Angela nichts dagegen hatte, mit ihm allein zu sein. Ihre Blicke heute waren mehr als ihre sonst übliche professionelle Wirtinnenfreundlichkeit gewesen.

Obwohl sie nicht in sein ihm anerzogenes Beuteschema passte – reich, reich, reich –, war er geil geworden.

Mann eben.

Um sexuelles Interesse zu wecken, brauchte es bei ihm nicht viel. Frau und zugewandte Geste und es funkte.

Aber nicht nur Männer haben Schwächen. Angelas war, bei wortgewandten Männern weich zu werden.

Frank-Walters gefeilte Rhetorik war trotz lebenslanger Werbetextertätigkeit nicht zu Zynismus mutiert. Wenn er wollte, standen ihm Charme, Humor und Verständnis zur Verfügung. Außerdem konnte er zuhören. Lang und sanften Blicks.

Mitte fünfzig, wirkte seine Stimme auf reifere Frauen wie ein süßer, Erfüllung versprechender Jungmädchentraum. Sein vom berufsmäßigen Unernst beinah wie von einem wirklichen Leben gezeichnetes Gesicht verzauberte sich seinen Zuhörerinnen gewöhnlich innerhalb weniger Minuten in ein Hoffnungsbild zukunftsträchtiger Tatkraft und Virilität. *Non vi, sed verbo.* Da Frank-Walter seine Vier-Augen-Initiativgespräche gerne in Restaurants mit einer reichen Auswahl französischer Weine führte, erfuhr auch er regelmäßig das Wunder sexueller Attraktivitätszunahme. Nur selten endeten die erotischen Annäherungen nicht im Bett.

Obwohl kein Schützenbruder, war er regelmäßig Gast im ›Kimme & Korn‹. Zwischen seiner Wohnung und dem Schützenlokal lagen nur vierhundert Meter früherer Holzweg durch lichten Wald, winters wie sommers idyllisch und, wichtig für den Heimweg, nicht zu verfehlen. Das Risiko heideggerschen Sich-Verirrens war selbst im Rausch vernachlässigbar.

Nachdem Frank-Walter bezahlt hatte, schaute ihm Angela länger in die Augen, als es für den Handelsakt nötig gewesen wäre.

»War 'n schöner Abend. Ich geb' noch einen aus.«

Frank-Walter spürte, dass sie zu einem gemeinsamen Ziel unterwegs waren.

»Wie geht's ohne Karl?«

Angela errötete. Süß, wie Frank-Walter den Kopf hielt.

»Ehrlich gesagt bin ich froh, dass er weg ist. So einen wie ihn wünsch' ich keiner Frau.«

O nein! So durfte sie den Satz nicht stehen lassen. War sie denn unzurechnungsfähig gewesen, als sie sich auf Karl eingelassen hatte?

»Als ich ihn kennengelernt habe, war er noch nicht so.«

Klippe umschifft. Aber jetzt klang's zu hart. Egoistisch irgendwie. Hatte sie nicht was von in guten wie in schlechten Zeiten versprochen?

»Wenn's mir natürlich leidtut, was passiert ist.«

Rhetorisch fühlte sie sich minderbegabt.

»Er wird wohl nicht mehr aus dem Koma aufwachen.«

»Apallisches Syndrom. Besser als alles mitkriegen und nichts mehr auf die Reihe kriegen.«

Als ob Karl je was auf die Reihe gekriegt hätte.

Die von Angela aufgeschäumten Bierkronen waren perfekt. Feinblasig, fest, hoch.

Frank-Walter war Taktiker. Länger über Karl zu sprechen konnte die Stimmung kippen lassen. Besser das Thema wechseln. Mitgefühl äußern.

»Die letzten Wochen waren nicht leicht für dich.«

Angela lächelte.

»Halb so schlimm. Justine fehlt, aber Mimi macht sich. Das wird schon mit ihr.«

Frank-Walter lächelte auch.

»Schön, wie du über Mimi sprichst.«

Angela waren solcherart Komplimente neu. Gewöhnlich faselten die Herren was von toller Figur und blauen Augen. Wenn sie nicht gleich eindeutig wurden.

Gar nicht so einfach, richtig auf Frank-Walter zu reagieren.

»Hauptsache, wir werden die Tauben los.«

»Ja. Der Dreck ist ekelhaft. Gut, dass die Stadt erlaubt hat, die Biester abzuschießen.«

Das war zwar nicht ganz seine Meinung – eigentlich setzte er auf gewaltcamouflierende Kommunikation; außerdem unterhielt ihn die Taubenplage als gefahrloser Schmittscher Ausnahmezustand –, aber Angelas Ekel vor der Taubenscheiße verstand er.

»Ich hab's zuerst gar nicht mitgekriegt, wie die immer mehr geworden sind. Vor zwei Jahren soll's angefangen haben. Wie die Karnickel.«

Angela errötete wieder. Hoffentlich hielt Frank-Walter sie nicht für verklemmt. Oder nymphoman. Oder beides.

»Gestern stand in der FAZ, dass die Wissenschaft immer noch über die Ursachen der Taubenzunahme rätselt.«

Frank-Walters Stimme klang zärtlich und geheimnisvoll.

»Erhöhung des Nahrungsangebots durch körnerstreuende PETA-Aktivisten, Klimawandel, Ausdehnung der städtischen Tempo-Dreißig-Zonen, Immigration. Eigentlich interessiert sich die große Wissenschaft für unser Taubenproblem aber nicht.«

Angela goss zwei Korn ein.

»Warum auch, ist ja bald vorbei.«

Frank-Walter war überrascht. So viel Gedankentiefe hatte er nicht erwartet.

Angela wurde nervös. Im ›Kimme & Korn‹ wollte sie auf keinen Fall vögeln. Womöglich auf dem Stammtisch zwischen den leeren Gläsern, wie es sich Karl immer gewünscht hatte.

»Ich muss noch abräumen und die Aschenbecher leeren. Sonst stinkt's morgen.«

»Kann ich helfen?«

Angela schüttelte den Kopf.

»Schaff' ich schon.«

Zuletzt die Geldscheine aus der Kasse und raus aus der Kneipe.

Kaum an der Luft, hörten sie einen Schuss. Eigentlich war's verboten, nachts zu schießen.

Angela blieb stehen.

»Ich muss noch mal rein. Das Gewehr. Immer unter Verschluss halten, hat mir der Mann an der Ausgabe gesagt. Hier geht das nicht. Ich hol's und nehm's mit.«

Frank-Walter sog die Nachtluft ein.

Er fühlte sich wie Mitte zwanzig, ohne hässlichen Lebenshorizont.

Überhaupt das Leben. Heute würde er's schaffen, sein Leben zu ändern.

Zwar dachte er das jedes Mal, wenn er sich verliebte – Platon, Rilke, Sloterdijk, so richtig frei bist du nicht, wenn du belesen bist (Euphorie ist auch nur eine Form von Abhängigkeit) –, aber das Wissen um den Emergenzhintergrund seines Hoffnungsgedankens hielt ihn nicht davon ab, sich dem mit ihm verknüpften erhebenden Gefühl lustvoll hinzugeben. Im Gegenteil. Die Hoffnung, vor der lang ersehnten Lebensänderung zu stehen, wurde durch das Wissen, dass er sich in jeder Euphoriephase seines Lebens vergeblich vorgenommen hatte es zu ändern, erheblich versüßt. Diesmal würde es klappen. Es würde ein Fest werden!

Spero quia absurdum. Nun aber bleibet Glaube, Liebe, Hoffnung, diese drei; aber die Hoffnung ist die absurdeste unter ihnen.

Angela kam mit dem Gewehr in der Hand wieder.

»Kommst du ein Stück mit?«

Die Wolken waren verschwunden, der Mond schien.

Frank-Walter blickte versonnen.

»Ich liebe Vollmond.«

Er sah Angela zärtlich an.

»Wusstest du, dass der Lauf des Vollmonds und der der Sonne ein halbes Jahr später übereinstimmen? Es ist jetzt zehn nach eins, zweiter Oktober. In einem halben Jahr, zweiter April zehn nach eins, mittags natürlich, wird die Sonne genau dort stehen, wo der Mond jetzt steht.«

Angela lächelte verlegen.

»Was du nicht alles weißt.«

Der Weg durch die Buchen war zwischen den hochgeschossenen Knoblauchsrauken und dichten Brennnesseln gut zu erkennen.

»Es gibt auch heute noch Philosophen, die es für bemerkenswert halten, dass der Mond die Eigenschaft hat, dass wir ihn erkennen können. Sie ziehen aus dieser meiner Meinung nach wenig verblüffenden Erkenntnis den allerdings nur minimal überraschenderen Schluss, dass der Mond vielleicht nur für uns so existiert, wie wir ihn wahrnehmen. Dass er also, wie ein etwas merkwürdiger preußischer Philosoph es ausdrückte, nicht an sich, sondern nur für uns so sei, wie er uns erscheint.«

Frank-Walter legte den Arm um Angelas Taille.

»Mir leuchtete nie ein, dass diese Erkenntnis irgendeine Relevanz haben sollte außer für die endgültige Abwehr längst untergegangener Glaubenssätze. Das Schöne am Mond ist doch, dass sein Schein ein Wohlgefühl in uns erzeugt, dem solche Erkenntnisprobleme völlig gleichgültig sind. Mir jedenfalls wird warm ums Herz unterm Mond mit einer schönen Frau.«

Er führte Angela zu einem am Wegrand liegenden frisch gefällten Baumstamm.

Irgendwo gurrte eine Taube. Angela hatte das Gefühl, das Gurren kommentieren zu müssen.

»Die wird's auch nicht mehr lange machen.«

Frank-Walter lächelte. Im Mondlicht sah Angela beinah jung aus.

»Es wird Zeit, dass wir beim Gurren einer Taube wieder ans Leben denken. An die Liebe.«

Der erste Kuss war zart, tastend, vorsichtig. Gewissermaßen idealistisch. Doch nach dem so ästhetischen wie ätherischen Lippenkuss wurden Frank-Walter und Angela übergangslos physisch handfest.

Unidealistisch.

Wird Zukunft knapp, heißt's auf zum Akt, als ob's der letzte wäre.

Leider war's der letzte.

Für beide.

Für Frank-Walter aber auch der gewaltigste.

Es war ihm danach so ernst zumut wie nie zuvor im Leben. Eine solche Nähe zu einer Frau hatte er nicht für möglich gehalten.

Das also war die absolute, die unendliche, die unsterbliche Liebe.

Sein Leben, jetzt war er sich absolut sicher, würde sich ändern.

Gleich morgen würde er beginnen, seinen Roman zu schreiben.

Er nahm das Gewehr vom Waldboden auf und strich zärtlich über Rohr und Schaft.

Der Schuss streifte Angela zwar nur, aber unglücklicherweise am Hals. Das Bild der Blutfontäne, die aus ihrer vom vorbeischießenden Projektil aufgerissenen Halsschlagader schoss, sollte Frank-Walter bis an sein Lebensende nicht vergessen.

Gelingendes Vergessen braucht Zeit. Ein knapper Tag reicht nicht.

Peter

Peter Brispoams einzige Buchveröffentlichung lag fünfzehn Jahre zurück. Kurz vor seinem dreißigsten Geburtstag war es ihm dank gewissermaßen selbstlosen körperlichen Einsatzes gelungen, drei seiner Gedichte in einer Lyrik-Anthologie eines neu gegründeten Göttinger Poetikverlags unterzubringen. Die sexuell erfreulich initiative, allerdings gewöhnungsbedürftig naturbelassene Jungverlegerin hatte durchblicken lassen, dass sie Liebesgedichte nur von Autoren und Autorinnen veröffentlichen würde, die ihr persönlich bewiesen hätten, dass sie auch im wirklichen Leben was von Liebe verstünden. Und nicht nur platonisch von ihr zu dichten wüssten.

Das Büchlein enthielt Lyrik von neunundzwanzig Autoren und Autorinnen.

Allerdings hatte Peter nach erfolgreich bestandener Prüfung mangels konsalikscher Immunität gegen Kritik und aus tief in ihm eingegrabenen Sprachunsicherheitsgründen darauf bestanden, seine drei Sonette pseudonym erscheinen zu lassen. Wenn sie beim Publikum ankämen, würde er sich zu erkennen geben. Wenn nicht, wäre er nicht desavouiert.

Kurz nach Erscheinen des in Maulbeerseide gebundenen Bändchens hatte er in seiner Mansarde mit Freunden seinen runden Geburtstag gefeiert. Keiner wusste von der Veröffentlichung, weshalb das Büchlein geschickt platziert werden musste, damit es gefunden und doch nicht mit ihm in Verbindung gebracht werden würde. Die Freunde sollten es wie zufällig finden, unbeeinflusst staunen.

Der Schreibtisch kam nicht infrage. Zu offensichtlich. Das Regal auch nicht. Zwischen den Gläsern und dem Knabberzeug hätte das Büchlein nicht glaubwürdig absichtslos hingelegt gewirkt. Im Regal konnte es unentdeckt bleiben.

Der Bücherstapel auf dem Spülkasten der Toilette! Unverdächtig. Und würde garantiert durchgeblättert werden.

So kam es auch. Als Peters bester Freund Frank-Walter vom Klo kam, hielt er das Büchlein in der Hand. Allerdings nicht philosophisch staunend, sondern sardonisch feixend.

»Von wem hast Du denn diesen Kitsch, Peter? Ich hab' zuerst gedacht, die Gedichte seien Persiflagen. Aber sie sind ernst gemeint. Genial! Hört mal!«

Was Frank-Walter den sechs Freunden vorlas, war das erste von Peters drei Sonetten. Leider gestaltete Frank-Walter den Vortrag nicht so, wie Peter es sich erhofft hatte. Aus Frank-Walters Mund klang schon der Titel ›*Morgengurren einer verliebten Taube*‹ wie der Brunftschrei einer hysterischen Internatsschülerin. Der Rest war biercesches Grauen. Offenbar hatte die liebestolle Verlegerin sogar zwei metrische Fehler übersehen.

Doch mit der auch schauspielerisch gelungenen Verlesung des Gedichts war Peters Tortur nicht vorbei. Das Schicksal meinte es radikal. Warum nicht mal ein Leben zerstören?

Die Freunde jauchzten. Eine Stimmung, wie sie sich Peter für sein kleines Fest nicht fröhlicher hätte wünschen können.

»Von wem ist denn die Schmonzette?«

Frank-Walter sah nach.

»Omerta Sipperb.«

Er grinste wie ein shakespearescher Narr.

»Hätte sie geschwiegen, wär Sipperb süperb geblieben.«

Peter hatte lange an dem Pseudonym getüftelt. Bis eben hatte es ihm gefallen.

Plötzlich lachte auch Frank-Walter laut los.

»Peter, das glaub' ich jetzt nicht. Das ist ja ein Anagramm von dir.«

Das war's. Erledigt.

Scharlatan! Filou!

Natürlich war er schon immer ein Versager gewesen. Es gab nichts, auf das er hätte stolz sein können. Selbst die Republikflucht, die ihm den Ruf eines aufrechten Moralisten beschert hatte, war ihm zufällig und absichtslos passiert. Er hatte nie gegen das DDR-Regime opponiert. Nicht einmal unterdrückt hatte er sich gefühlt. Unrebellischer als er ging nicht. Im Sommerurlaub mit den Eltern am Neusiedler See – Belohnung fürs gute Abitur, in Marxismus-Leninismus war er Schulbester –, hatte er sich mit einem Studenten aus Leipzig angefreundet, der ihn zu einem Picknick nach Sopron einlud, woraus aber nichts wurde. Stattdessen ging's zum nahen ungarisch-österreichischen Grenzübergang. Als plötzlich die Schranke aufging und die wie zufällig daherspazierten Leute wild durchs Tor hinter die Grenze rannten, lief er einfach mit.

Was auch sonst? Schließlich war er immer mitgelaufen.

Und dann das …

Während der fünfzehn Jahre seit seiner Entlarvung als Kitschier war kein Tag vergangen, an dem er sich nicht an Frank-Walters Demütigung erinnert hätte. Zwar hatte er sich zuerst noch einzureden versucht, dass seine Freunde ihn nicht für lächerlich hielten. Aber es waren vergebliche Versuche.

Der typische hegelsche Dreischritt: rhetorische Selbstaufmunterung, perzeptiver Selbstzweifel, performative Selbstaufhebung.

Der Abstieg erfolgte schnell.

Die folgenden Tage besuchte er noch die alte Stammkneipe, doch schon nach einem Monat hatte er alle Kontakte zu seinen Freunden abgebrochen. Was er in ihren Augen las, war zu viel für ihn.

Woher auch hätte er Selbstbewusstsein schöpfen sollen? Aus seiner eingespurten DDR-Jugend?

Um seinen Freunden nicht zu begegnen, zog er in einen anderen Stadtteil. Da er keine kostspieligen Bedürfnisse hatte, kam er mit Sozialhilfe und Hartz-IV problemlos aus.

Was braucht ein Traumatisierter Geld?

Frank-Walter hatte Recht. Die Sonette waren Kitsch. Aber hatte er das so laut rausposaunen müssen? Es dauerte eine Weile, bis Peter verstand, dass Frank-Walter Recht gehabt hatte, ihn nicht zu schonen. Hätte sich Frank-Walter behutsamer geäußert, wär's mit der Kitschproduktion munter weitergegangen. Pazifistische Petrarca-Sonette, ökologische Basho-Haikus, existenzialistische Handke-Cantos. Was gerade angesagt war.

Frank-Walter hatte ihn wachgerüttelt und ihn auf sich selbst zurückgeworfen. Schmerzhaft, aber effektiv. Schließlich bekommt ein Chirurg einen Klumpfuß auch nicht durch sanftes Massieren weg.

Nach einem halben Jahr hatte Peter begriffen, dass nichts ihn retten würde als eine schonungslos aufrichtige Beichte. Das von Sartres radikaler Natürlichkeit und Rousseaus praktischer Humanität inspirierte Werk gedieh von Beginn an. Nicht nur fand Peter auf Anhieb einen Stil – elegant, ironisch, an Thomas Mann erinnernd, aber durchaus selbstständig –, er erkannte auch, was die Welt für ihn war: eine Gemeinde. Und er für sie: ein Prophet.

Das Buch würde eine literarische Renaissance, eine Revolution des Denkens hervorrufen. Wie sollte er Frank-Walter nicht dankbar sein? Ohne dessen Demaskierung hätte er seine ›*Bekenntnisse eines Opportunisten*‹ schließlich nie geschrieben.

Vor zwei Wochen hatte er sein Werk vollendet. Neunhundertsiebenundachtzig Seiten. Immer wieder geändert, gestrichen, ergänzt. In Sprache, Logik, Form das Denken und Fühlen seiner Zeit wissenschaftlich erforscht.

Diesmal würde Frank-Walter ihn nicht lächerlich finden.

Diesmal würde sein Freund den Text wertschätzen.

Leider war nicht nur das Werk fertig, der PC war es auch. Nachdem Peter ihn mit dem neuen Drucker verbunden hatte, verabschiedete sich der Bildschirm in ein gleichgültiges dunkles Grau. Peters laienhafte Wiederbelebungsversuche scheiterten. Also hin zum Profi.

Kurzer Check. Zwar war der Bildschirm hin, aber die Festplatte OK. Wenn der PC dabliebe, könne der Inhalt morgen auf einen Stick gezogen werden. Sofort ginge leider nicht.

Als Peter am nächsten Tag wiederkam, hatte sich das Innere des Ladens positiv verändert. Der gestern noch hoch und chaotisch mit PCs, Tastaturen, Festplatten und CDs vollgemüllte

Tresen war sauber und blank. Es dauerte einen Moment, bis Peter begriff, dass die Anmutung strukturierter Ordnung nicht daher rührte, dass bloß aufgeräumt worden war. Auch die gestern noch vollgestopften Regale waren leer. Der Laden war sozusagen *vollkommen* aufgeräumt. Von den Möbeln abgesehen war alles verschwunden. Sogar die Registrierkasse.

Hatte nicht kürzlich eine Galerie einen leeren Lebensmittelladen als Vanitas-Stillleben ausgestellt?

Eine junge Frau – nicht die von gestern – kam aus dem Nebenzimmer, grüßte und lächelte Peter freundlich an.

»Die Diebe müssen beim Aufbrechen der Hintertür einen Heidenkrach gemacht haben, aber wegen der Taubenschießerei hat sich niemand was dabei gedacht.«

Peter wurde bleich.

»Keine Angst, wir sind versichert. Ihr PC natürlich auch. Wir besorgen Ihnen einen gleichwertigen. Mit Zuzahlung auch einen neuen. Haben Sie Ihren Einlieferungsschein dabei?«

Peter brauchte zwei Wochen, bis er begriffen hatte, dass sein Roman unwiederbringlich verloren war.

»Selbst wenn unsere ukrainischen Kollegen das geklaute Zeug finden würden«, hatte ihn der nicht völlig vorurteilslose und nur mäßig feinfühlige Polizist auf der für Peter zuständigen Wache aufgeklärt, »würden Sie Ihren PC nicht wiederkriegen. Wer sollte sich die Mühe machen, die Eigentümer der Schrottteile ausfindig zu machen?«

Vierzehneinhalb Jahre Arbeit umsonst.

Nur die beiden ersten Absätze, die er damals in seine Chinakladde gekritzelt hatte, gab's noch. Alles andere war weg.

Er packte die Kladde und eine tschechische Süßigkeit in seinen Aktenkoffer und verließ seine Mansarde. Frank-Walter würde ihm glauben, dass den zwei Seiten aus der Kladde neunhundertfünfundachtzig gefolgt waren. Diesen Trost wollte sich Peter noch holen, bevor er für den Rest seines Lebens auf Sparflamme leben würde. Dann, dachte er, wäre sein Leben kein gänzlich nichtiges, nur ein gebrochenes.

Als Frank-Walter die Tür öffnete, erschrak Peter. Schwere Tränensäcke, teigige Haut, toter Blick.

Nach fünf Sekunden grußlosen Anstarrens drehte sich Frank-Walter wortlos um und verschwand in der Wohnung. Die Tür ließ er offen.

Peter ging ihm nach kurzem Zögern nach und fand ihn auf einem Sofa. Ohne den Mantel auszuziehen, setzte er sich auf einen Sessel gegenüber. Das Köfferchen legte er auf die Knie.

Frank-Walter fing an zu erzählen. Vom uneigentlichen Dasein als Werbetexter. Von den Versuchen, dem Spektakel der Pitchs zu entkommen. Vom wirklichen Leben, das er habe führen wollen. Vom Zynismus, der sich in ihm eingenistet habe. Von den Frauen, die er gevögelt und wieder vergessen habe. Von der Liebe, die er trotz Unamunos Erzählung für eine Illusion gehalten habe. Von Angela. Von der Feuerwehr, die schnell da gewesen sei, aber nichts mehr habe tun können. Vom Polizeikommissar, der erst nach langer Befragung geglaubt habe, dass es ein Unfall gewesen sei.

»Peter, ich habe dich immer beneidet. Du hast was veröffentlicht. Na gut, pseudonym. Und Kitsch. Aber Gedichte, es sind deine Gedichte, und sie sind in der Welt.«

Frank-Walter sah Peter lächelnd an.

»Und ich? Was hab' ich fabriziert? Werbetexte.«

Seine Stimme klang weich.

»Es gibt nichts Veröffentlichtes, unter dem mein Name steht.«

Er spitzte die Lippen.

»Ringschläger ist ein elender Name für einen Autor.«

Die Krähenfüße um seine Augen vertieften sich.

»Klingt nicht so, als ob jemand mit so einem Namen berühmt werden könnte.«

Er sah auf den Couchtisch zwischen sich und Peter und brummte kurz.

»Wittgenstein hätte den Kopf geschüttelt. Ich hätte mir auch ein Pseudonym suchen müssen. Wie du.«

Er sah wieder auf.

»Kannst du dir ein elenderes Leben vorstellen?«

Peter konnte nicht. Weshalb er die Aktentasche öffnete, die Schachtel Orion-Pralinen herausnahm und auf den Tisch legte, aufstand und ging.

Frank-Walter versuchte nicht, ihn zurückzuhalten.

Schokolade, warum nicht.

Erst als der Mund trocken war, las er die Liste der Inhaltsstoffe. Da hatte er aber schon zwei der parfümierten Pralinen gegessen.

Anaphylaktischer Schock.

Frank-Walters letzte Überlegung galt der Frage, ob Peter gewusst hatte, dass die Pralinen mit Haselnusscreme gefüllt waren. Möglich war's. Doch Peter hatte schon früher nicht immer die richtigen Schlüsse gezogen. Vielleicht hatte er schlicht vergessen, dass er, Frank-Walter, gegen Nüsse allergisch war. Aber hatte Peter nicht auch verdächtig steif dagesessen? Und nichts, absolut nichts gesagt? Hatte er's auf ihn abgesehen? Wollte er späte Rache nehmen?

Zur abschließenden Beurteilung dieses psychologisch nicht vollkommen trivialen Problems gelangte Frank-Walter nicht. Die immer noch blitzlebendige Erinnerung an die aus Angelas Hals schießende Blutfontäne sowie die Atemnot und die mit ihr verbundene Todesangst lenkten ihn davon ab, präzise und folgerichtig nachzudenken.

Hulda

Hulda war ein Glückskind.

Aufgewachsen in einer Unternehmerfamilie bei gleichwohl mitfühlenden Eltern, mit einer gemessenen Strenge dazu angehalten, ihre Talente mithilfe lernerfolgsorientierter Lehrer auszubilden, hatte sie als Kind ausschließlich leichtes, schnell gelindertes Leid erfahren. Gerade so viel, um ein optimistisches Weltverständnis zu entwickeln: Kein Unglück ist katastrophal, kein Ungemach unerträglich.

Voraussetzung fürs Fortdauern eines optimistischen Weltverständnisses im Erwachsenenalter ist allerdings die Transformation der bloß angenommenen Positivität der infantilen Weltanschauung in die fundierte Positivität einer adulten Weltbeurteilung. Dank eines längeren Besuchs eines indischen Ashrams im Anschluss an ihre Internatszeit in der Schweiz war Hulda eine solche belebende Lebenseinstellung zuteilgeworden. Sie gründete in zwei zwar bestreit-, aber unwiderlegbaren Sätzen allumfassender Existenzbejahung: ›*Die Welt ist vollkommen*‹ und ›*Jedes Bewusstsein wird glücklich werden*‹.

Hulda hatte erkannt, dass sie, um diesen Glauben faktenkompatibel denken zu können, voraussetzen musste, dass kein existierendes Bewusstsein an eine einzige Inkarnation gebunden ist.

(Diesen Schluss Postulat der glücksorientierten Vernunft zu nennen hätte sie, sofern sie sich mit universitätsbasierter Philosophie beschäftigt hätte, nicht für abwegig gehalten.)

Gott oder Fatum – eine eher unbedeutende Unterscheidung – würde jedes existierende Bewusstsein, auch das im Augenblick unglücklichste, durch alle notwendigen Inkarnationen hindurch zu vollkommenem Glück führen.

Wie jedes schon etwas vollkommenere Bewusstsein hatte Hulda nach Schule und spiritueller Belehrung einen der Verbesserung der Welt gewidmeten Beruf ergriffen. Da die Menschheit für Reinkarnationskunst und -politik – die höchsten Formen menschlichen Gestaltens – noch nicht reif war, hatte sie sich für die etwas kleinteiligere Profession der Reinkarnationstherapie entschieden.

Als höchste aller individualärztlichen Tätigkeiten verlangt dieser Beruf absolute Professionalität. In anderen medizinischen Fächern kaum tadelnswerte profitmaximierende Standards wie bedenkenloses oder nicht testifiziertes Drauflosbehandeln führen in der Reinkarnationsmedizin in der Regel auch für den Therapeuten zu schwersten unerwünschten Folgen. Jede Unachtsamkeit kann die Reihe unglücklicher Inkarnationen verlängern, selbst die des Heilers selbst. Welcher Inkarnationstherapeut will das riskieren?

Dass Huldas professioneller Aufmerksamkeitsaufwand zu kleineren Defiziten im alltäglichen Leben führte – nach der Putinschen Inkarnationslehre bleiben auch ausgebildete Inkarnationstherapeuten Menschen –, war daher so verständlich wie verzeihlich.

Vorgestern hatte sie vergessen Milch einzukaufen, so dass der Rest im Kühlschrank noch für den Cappuccino am Sonntag gereicht hatte, für den heutigen Montag aber nicht. Also ins Café ›Brigitte‹, zumal in ihrer Praxis wegen des Deutschen Vereinigungstags niemand wartete. Außerdem war ihr nach frischen *Macarons d'Amiens*.

Wieder zurück, stand einer ihrer Mieter vor der Haustür und wühlte in den Taschen seines ausgebeulten Trenchcoats.

»Guten Morgen, Herr Brispoam. Wie geht es Ihnen?«

Er schien sie nicht zu bemerken.

»Schlüssel vergessen?«

»Weiß nicht. Find' ihn nicht.«

Peter Brispoam standen Höflichkeitsformen kaum noch zur Verfügung. Die Ereignisse der letzten Wochen hatten seinen Glauben an die Menschheit nahezu vollkommen zerstört.

Hulda zog ihren Schlüsselbund aus der krokodilledernen, fuchsiafarbenen Birkin Bag und schloss die Tür auf. Peter schlurfte gesenkten Kopfs an ihr vorbei.

Offenbar brauchte er Hilfe.

»Ist Ihnen nicht gut?«

Er trottete weiter.

»Soll ich nicht Ihre Wohnung aufschließen? Ohne Schlüssel kommen Sie ja nicht rein.«

Ihr gehörte das Haus, sie war die Vermieterin, sie hatte von jeder Wohnung einen Schlüssel.

Er blieb stehen. Selbst von hinten sah er elend aus. So konnte sie ihn nicht allein lassen.

»Kommen Sie erst mal mit zu mir. Ich mache uns einen Tee.«

Sie bewohnte die untere Etage. Er ging ohne weiteres mit in die Küche.

»Bitte setzen Sie sich.«

Seine linke Gesichtshälfte zuckte.

»Was bedrückt Sie?«

Er antwortete nicht. Wie viele Küchengeräte an der Wand hingen! Allein dreizehn Schneebesen.

»Wollen Sie reden?«

»Mich bedrückt nichts.«

Ihm gegenüber in der Ecke hing ein großer Vogelbauer, auf der Stange eine weiße Taube. Der schöne Vogel – leuchtend blaue Augen – streckte den Hals und hob den Kopf.

»Wollen Sie nicht Ihren Mantel ablegen?«

Beim Ausziehen des Trenchcoats fiel sein Schlüsselbund auf den Boden.

Zusammen mit der Schachtel Marlboro, die er gekauft hatte.

Rauchen ist tödlich.

Er schnaubte verächtlich.

»Je eher, desto besser.«

»So schlimm? Auch Sie werden glücklich werden.«

Peter sah Hulda überrascht an. Wusste sie was?

»Unsinn. Mit mir ist's aus.«

»Mit niemandem ist es aus.«

»Mit mir schon.«

»Alles wird gut.«

Er zündete sich eine Zigarette an. Sie blickte ihn freundlich an.

»Erzählen Sie.«

»Wollen Sie meine beschissene Lebensgeschichte wirklich hören?«

Sie nickte. Er erzählte. Von den Sonetten. Dem Urteil Frank-Walters. Den Jahren am Schreibtisch. Dem Verlust des Romans.

»Ich bin verloren. *Потерянный*.«

»Sie sprechen Russisch?«

Ihre Lieblingssprache. Von den großen Slawen hatte sie fast alles gelesen.

»Ja. Aber wie kommen Sie darauf?«

»Weil Sie eben Russisch gesprochen haben.«

»Hab' ich nicht gemerkt.«

Hulda wurde hellwach. Unbewusst in eine Fremdsprache zu verfallen musste tiefere Gründe haben.

»Sind Sie schon oft ins Russische gerutscht, ohne es zu merken?«

»Woher soll ich das wissen, wenn ich's nicht gemerkt habe?«

Bei Verstand war er.

Er senkte den Kopf.

»Eigentlich mag ich Russisch nicht. Mit Russisch ist mir immer etwas schiefgegangen.«

Er hob den Kopf und betrachtete die Taube. Irgendetwas an ihr war seltsam. Können Tauben lügen?

»Ich wollt's sogar studieren, aber dann war's aus mit dem Kommunismus.«

Die Taube rutschte fünf Zentimeter zur Seite.

»Gedichte hab' ich nur geschrieben, weil ich Gogol verehrt habe. Erzählung oder Roman ging nicht. Neben dem kleinen Ukrainer hätte ich wie ein Nichts ausgesehen. Also Lyrik. Wie die ankam, wissen Sie ja.«

»Darf ich Sie hypnotisieren? Vielleicht erfahren wir dann, was es mit Ihrem« – sie sah ihn fröhlich an – »Pech auf sich hat.«

Die Taube rutschte wieder auf die Mitte der Stange zurück.

»Meinetwegen.«

»Sitzen Sie bequem? Bitte zählen Sie von hundert langsam rückwärts. Bei jeder ungeraden Zahl schließen Sie die Augen, bei jeder geraden öffnen Sie sie.«

Bei 42 war Peter in Trance.

»Erzählen Sie mir von Ihren Eltern.«

»Man verlangt keine Arbeit von mir, man wird nie welche von mir fordern.«

»Wer sagt das?«

»*Пролеткульт.* – Ich persönlich liebe ja das Sonnverbrannte im Gesicht einer Frau. Es ist dann, wie wenn sie aus dem Krieg käme.«

»Erzählen Sie mir vom Krieg.«

»Einmal hat mir Papa eine Ohrfeige gegeben, natürlich eine echt väterliche, eine zärtliche. – *Отец* …«

»Sind Sie Russe?«

»Sehe ich aus wie ein Chinese?«

»*Гоголь*?«

Die Taube gurrte laut.

»Ja.«

»Noch jemand?«

»*Андрей Платонович Платонов.*«

Das war's.

Peter hatte die Versagensmuster seiner früheren Inkarnationen nachgelebt: Gogol hatte in einem Anfall religiösen Wahns den zweiten Teil seines Werks ›*Tote Seelen*‹ verbrannt, Platonow sich das Manuskript der ›*Reise aus Leningrad nach Moskau*‹ vom KGB wegnehmen lassen.

Aber irgendwas stimmte nicht. Nach dem Noeto-Emotionalen Putinschen Wiedergeburtsgesetz musste jede einmal aufgetretene Fehlleistung so lange von Inkarnation zu Inkarnation zunehmen, bis sie nicht mehr steigerbar war. In der folgenden Inkarnation würde die Fehlleistung dann nicht mehr auftreten. Das Bewusstsein hatte genug gelitten.

Bei Gogol-Platonow-Brispoam aber war's umgekehrt. Die Schuld am Missgeschick hatte sich von Inkarnation zu Inkarnation verringert. Gogol hatte selbstzerstörerisch, Platonow grob fahrlässig, Peter nur noch unvorsichtig gehandelt. Ein sehr ungewöhnlicher Vorgang, der, wie Hulda wusste, nur bei Inversiver Inkarnation vorkam, einer seltenen, rätselhaften Verlaufsumkehrung, deren kosmologische Bedeutung in der Wissenschaft kontrovers diskutiert wurde. Einig war sich die Fachwelt nur darin, dass die Diagnose ›Inversive Inkarnation‹ dazu führt, dass das Bewusstsein des therapeutischen Erstdiagnostikers und das des inversiv Inkarnierten bei der nächsten Inkarnation miteinander verschmelzen. Die sogenannte Inkarnativ-Therapeutische Reduktion.

Verständlich, dass Hulda aufgeregt war. Peter und sie würden im nächsten Leben ein Herz und eine Seele sein.

Was aber tun? Es gab nur eine Lösung. Das negative Schicksalsmoment, das sich gewissermaßen anentropisch, gegen die gewöhnliche Zeitrichtung von Gogol über Platonow zu Peter hin bis fast ins Unerkennbare eingewickelt und dann doch noch Peters Leben ruiniert hatte, würde Peters (und ihre) nächste Inkarnation nicht mehr beeinträchtigen. Peter war gewissermaßen die Urknospe des literarischen Ungeschicks – seine

Unschuld war der Beweis –, welches sich, grammatikalisch korrekt kaum ausdrückbar, zeitinvers in den vorhergehenden Inkarnationen zu voller Blüte vorgebildet hatte.

Warum also nicht das Bewusstsein, das zur Zeit auf den Namen Peter Brispoam hörte, schnellstmöglich aus dieser unglücklichen Konstellation befreien? Zumal das Risiko nicht unbeträchtlich schien, dass Peter, lebte er länger, noch eine Unvorsichtigkeit begehen könnte, die die folgende gemeinsame Inkarnation negativ beeinflusst. Offenbar war er nichts weniger als psychisch gefestigt.

(Auf ihren eigenen Todeszeitpunkt würde sich der Peters nicht auswirken. Die von Stevenson festgestellte durchschnittliche Zeitspanne von weniger als drei Jahren zwischen Tod und Wiedergeburt bei den ihm bekannt gewordenen Fällen erinnerter Inkarnation hatte keine statistische Signifikanz.)

Freund Hein!

Das würdevoll aus der Schweiz mitgebrachte euthanatëische Schlafmittel aus ihrem Medikamentenschränkchen war die Lösung. Hulda drückte Peter eine Glasphiole Natriumpentobarbital in die Hand und befahl ihm, den Inhalt auszutrinken, sobald er wieder zurück in seiner Wohnung wäre.

Dann weckte sie ihn aus seiner Trance auf.

Peter wusste nicht, wie das Fläschchen in seine Hand gekommen war.

»Für mich?«

»Es wird uns guttun.«

Merkwürdiger Satz. Wieso *uns*?

»Heißt die Taube Gogol?«

Huldas blaue Augen blickten sinnend in Peters braune. Ob sie dereinst grüne haben würden?

»Geht es Ihnen wieder besser?«

Peter winkte Gogol zu, fegte dabei aber mit der Hand seine halbleere Teetasse auf den Küchenboden.

Dünnes Porzellan, doch die Tasse war heil geblieben. Nur der Tee war ausgeflossen. Peter hob die Tasse auf.

»O, das tut mir leid. Haben Sie was zum Aufwischen?«

»Lassen Sie nur, ich mache das. Gehen Sie ruhig. Alles ist gut.«

Peter stand auf, bedankte und verabschiedete sich und stieg hoch in seine Mansarde.

Als Hulda ein paar Minuten später aufstand – sie hatte darüber nachgesonnen, wer Peter vor Gogol gewesen sein mochte (eine seltsame Formulierung) –, hatte sie die Teepfütze auf dem Boden vergessen.

Es tat fast nicht weh, als sie ausrutschte und mit dem rechten Knie auf die Fliesen aufschlug.

Gogol aber gurrte.

Peter hatte den Weg zur nächsten Inkarnation angetreten.

Lars

Nicht jeder ist vorausschauend genug, einen Beruf zu wählen, der Erfahrungen bietet, die auch das Gemütsleben bereichern. Lars von Krall aber gehörte zu den Auserwählten, die ihre körperlichen und geistigen Anlagen mit einer menschlich adäquaten Profession hatten zusammenschließen können.

Schon als Kind hatte er bemerkt, dass Schmerz und Lust nicht als reine Dichotomie figurierten. Die erregendste Lust war schmerzfermentiert und mancher banale Schmerz wurde zu bewusstseinserweiternder Lust, wenn er auf verständige Weise in einem ästhetisch überzeugenden Setting empfangen wurde.

Wenn der junge Lars Fliegen die Beinchen ausriss – seine Berliner Oma hatte ihm sommers, wenn ein besonders dicker Brummer im Kinderzimmer herumflog, gerne das schöne

Kinderlied ›*Du fette Fliege, wenn ich dich kriege, reiß ich dir ein, zwei, drei, vier Beine aus*‹ vorgesungen –, wenn der schon etwas ältere Lars Mäuse mittels Teppichmesser und Pinzette ausweidete oder Fröschen und Salamandern mit einer Beißzange erst Schenkel, dann Schwanz und schließlich Kopf amputierte, fühlte er einen den gesamten Körper durchströmenden, lang anhaltenden wohligen Schauer.

Eine Lust, auf die er auch nicht verzichten wollte, als ihn seine Mutter bei einer dieser Operationen überrascht und ihm ihre immer wieder laut herausgeschriene Mahnung, Tieren nicht zum Scherz Schmerzen zuzufügen, mit mehreren Kochlöffelschlägen auf den nackten Po eingebläut hatte.

Seine mal gröberen, mal feineren Eingriffe in die physische Integrität der so erfreulich enervierten tierischen Körper waren ja keineswegs Scherzereien. Lars' Wesen war Scherzen gegenüber überhaupt zutiefst abgeneigt, was seine Mutter mit ihrer unreflektierten Neigung zu albernem Kichern über kindischste Witze allerdings nie begreifen würde. Das Leben und seine Erregungen waren eine heikle Sache und mussten, darin bestand die Würde des Menschen, unbedingt ernst genommen werden. Frivolität war unentschuldbare Versündigung an der Menschheit.

Die mütterliche Ermahnung hatte umso deutlicher ihr Ziel verfehlt, als die zur Demotivation verabreichten schmerzhaften Stockschläge bei Lars geradezu das Gegenteil von Unlust bewirkt hatten.

Schon als seine Mutter ihn aus dem Garten, wo er in einer etwas versteckteren Ecke seinen Experimenten nachgegangen war, ins Haus gezogen und in der Küche nach dem Kochlöffel gegriffen hatte, war sie von dem merkwürdigen Gefühl beschlichen worden, dass dieser ihr so eigenartig fremde Sohn – warum beschlich *sie* Gewissenangst, nicht *ihn*? – mehr neugierig auf die Strafe als furchtsam war.

Und tatsächlich hatte er sich trotz pubertären Alters ohne Protest übers Knie legen lassen. Als Mutter ihm die Hose herunterzog, hatte sie sogar einen kleinen Seufzer zu hören vermeint, dessen Tonalität sie aus anderen, fast vergessenen Zusammenhängen kannte, ihr in dieser Situation aber durchaus unangebracht schien.

Die Stockschläge, die Mutter in ihrer angstdurchsetzten Verstörtheit erst abbrach, als Blut floss und sie mit Entsetzen bemerkte, dass sich unter ihren Hieben eine veritable Erektion gebildet hatte, waren Lars' Heurekaerfahrung. Nicht nur Schmerzen zufügen, auch Schmerzen durchleben konnte Daseinsfreude steigern.

Eine derart sensationelle Lust hatte Lars bisher noch nicht erlebt, obwohl er sämtliche Missionarstechniken des Masturbierens meisterhaft beherrschte. Sie verifizierte ihm seine schon spekulativ zur plausiblen Hypothese gediehene Vermutung, dass Schmerzen nur dann als Weh empfunden wurden, wenn sie nicht auf rechte, vernünftige Weise angenommen wurden.

Führte nicht jede Empfindung Erkenntnis bei sich? Musste daher nicht jede natürliche Empfindung, richtig als Erkenntnis verstanden, lustvoll sein? Und war nicht Erkennen das grundlegende Prinzip des Lebens überhaupt?

Wer könnte angesichts solcher Einsicht dann aber behaupten, dass es Mäusen, Küken und Axolotln keine Lust bereite, sogenannte Schmerzen zugefügt zu bekommen? Gewiss hatte Gott in seiner Weisheit das Erkenntnislustempfinden genau so eingerichtet.

Wie, o heiliger Leibniz, auch anders? Erst der Mensch, das verführbare Wesen, hatte die perverse Vorstellung seinswidriger Erkenntnis entwickelt (der wahre Sündenfall) und nicht nur den Konnex von Schmerz und Unlust geschaffen, sondern diese von Gott nicht vorgesehene Perzeptionssynthese zu einer ursprünglichen Empfindung umgedeutet!

(Kurz vor dem Abitur entdeckte Lars die Theorie hinter dieser in der Weltanschauung eines großen Teils der Menschheit programmierten Lehre von der Negativität des Willens in der schopenhauerschen Philosophie. Als ob wahrer Wille wahre Anschauung verhinderte! War Wille doch, recht verstanden, nichts als das Werkzeug der kreativen Anschauung, sich lustvoll auszugestalten. Natürlich hatte diesem misanthropischen Danziger Erben die von ihm missverstandene, ins Subjektiv-Idealistische gewendete buddhistische Lehre des Nichts und der gegen Gott und die Natur gerichteten Selbstauslöschung ausnehmend gut gefallen müssen. (Was auch immer gefallen bei diesem lusttriebgebeutelten Lustfeind heißen mochte.) Wahr war seine Konstruktion deshalb noch lange nicht.)

Lars hatte nach der noch während der Schulzeit erfolgten Selbstausbildung zum Experten für mittelalterliche Martern – künstlerische Professionalität zeigt sich in der Beherrschung der instrumentellen und theoretischen Grundlagen des Fachs – in der Schweiz Chiropraktik studiert und bot seit einigen Jahren seine Dienstleistung mit erfreulichem finanziellem Erfolg in einer für Ärzte ungewöhnlich geschmackssicher eingerichteten, geräumigen Innenstadtpraxis an (*Ethik und Ästhetik sind Eins*).

Seinen hervorragenden Ruf hatte er allerdings nicht nur den minutiösen therapeutischen Handauflegungen in seiner medizinischen Praxis, sondern mindestens gleichermaßen den delikaten Handreichungen in der BDSM-Abteilung eines örtlichen Swinger-Clubs zu verdanken, den er regelmäßig wochenends besuchte, wenn ihn keine obligate ärztliche Fortbildungsveranstaltung davon abhielt.

Seine einfühlsamen, selbst erfahrenen Liebhabern seltener Behandlungspraktiken oft unbekannten Methoden hatten das Handwerk revolutioniert. Wer sich Lars' Kunst anvertraute, konnte sich nicht nur an Lustschmerzen erfreuen, die transzendental zu nennen philosophisch Gebildete sich nicht scheuten, sondern auch sicher sein, dass die Zufügung der Sensationen keinerlei körperlich nachweisbare Spuren hinterlassen würde.

Die Psyche der von Lars kunstvoll Bonträtierten – der Spindoktor, wie er in der Szene respektvoll genannt wurde, führte seine Patienten nicht nur äonenlang durch die himmlischsten Vorhöfe der Lust, sondern am Ende seiner Traktions- und Adjustierungskünste mittels ingeniöser Weichteilbehandlung auch zu einem Feuerwerk multipler kathartischer Orgasmen –, das limbische Gedächtnis der von Lars lustvoll Erlösten war durch das von ihm herbeigeführte inspirierende Bewusstseinsgeschehen allerdings für immer geprägt.

Dank des Tags der Deutschen Unteilbarkeit hatte Lars ein verlängertes Wochenende im Club verbringen können, was ihm Gelegenheit geboten hatte, aufgeklärten Personen allerlei Geschlechts besonders reich ziselierte physiopsychische Freuden zu bereiten.

In seiner ärztlichen Praxis behandelte er sogenannte normale Menschen, die ihre Schmerzen nicht genossen und daher loswerden wollten. Lars dachte keineswegs gering oder abschätzig von ihnen, wusste er ja, dass das protestantische Leistungsethos, das sich weltweit bis in die musenverliebtesten Ethnien und Religionen hinein verbreitet hatte (widerwärtigster Kolonialismus), ihre unselbstständigen Seelchen fest im Griff hatte.

Die schlichte meritokratische Ethik hielt ihre armen Anhänger davon ab, sich Schmerzen lustvoll hinzugeben, hätte diese Hingabe ja Ablenkung von ihrer unbedingten Arbeits- und Schaffenspflicht bedeutet. Schmerzlust ist Luxus und Luxus Müßiggang und Müßiggang dem Leistungsgläubigen ein Gräuel.

Lars' letzte Patientin heute war ein Notfall, Hulda Duve, 36, privatversichert, geschwollenes Knie nach häuslichem Unfall.

Sie sah hinreißend aus. Unprätentiöse Casual Wear – roter Cashmere Pearls Jumper (Givenchy), schwarzer Crêpe-Cady-

Midirock (Versace), militärgrüne Galleria Bag (Prada) und schwarzlederne Loulou Schnürstiefel (Yves Saint Laurent) – unterstrich ihre natürliche Eleganz.

Lars hätte sie auch umsonst behandelt.

Großartig heilen musste er sie aber nicht. Schnell hatte er festgestellt, dass nichts Behandlungsbedürftiges vorlag. Die Schwellung würde sich innerhalb weniger Tage zurückbilden, der Schmerz durch eine anästhetisierende Salbe sich lindern lassen.

Da sie aber nun mal glücklich bei ihm in der Praxis war, fragte er sie, ob er sonst noch etwas für sie tun könne. Ob sie sich, von der leichten Läsion abgesehen, gesund fühle?

Kerngesund, antwortete Hulda. Ihre Organe schwiegen, wie es so schön hieße. Die einzige Ausnahme wären gelegentliche Kopfschmerzen, die aber das Erfreuliche hätten, sie an die *conditionem humanam* zu erinnern, was sie nämlich durchaus schätze, denn sie neige zu Leichtfertigkeit, die sich in ihrem Beruf fatal auswirken könne.

Die Selbstkritik der Ernsthaften! Und diese grammatikalische Präzision! Nicht nur atemberaubend schön, auch seelenverwandt! Selbstverständlich verbot es sich Hippokrates' halber, sie geradewegs zum Essen einzuladen. Sie zu motivieren, in den nächsten Tagen anzurufen und ein Treffen vorzuschlagen, schien Lars aber moralisch untadelig. Zumal Hulda durch die Behandlung, die er ihr angedeihen lassen wollte, unbedingt profitieren und ihr freier Wille in keiner Weise eingeschränkt werden würde. Sie, nicht er, würde initial entscheiden, ob sie sich wiederträfen oder nicht.

Bewundernswert, wie sie ihre Kopfschmerzen nehme, versicherte er, aber er glaube nicht, dass sie, bei ihrem hohen Selbstreflexionsvermögen, eine heteronom induzierte Schmerzempfindung benötige, um der Endlichkeit menschlicher Existenz gewärtig zu sein. Schmerzen hätten selbstverständlich immer Erkenntniswert. In ihrem Fall seien sie aber gewissermaßen existenziell unnötig und würden ihre Fähigkeit zur Konzentration auf ihr komplexes Handlungstun nur herabsetzen.

Ob sie den Oberkörper freimachen und sich bäuchlings auf die Liege legen wolle? Vielleicht könne er sie durch eine Rückenbehandlung von ihrer Beeinträchtigung befreien. Er sei Spezialist auf dem Gebiet der nervösen Zusammenhänge.

Hulda hatte einen makellosen Rücken. Kein Pickel, kein Leberfleck, nur reine, straffe Haut. Lars wusste, was zu tun war. Ohne andere Körperteile als den Rücken zu traktieren, entfachte er mit seinen Händen eine Welle erotischer Empfindungen, die Hulda sich nicht erklären konnte und für eine unbeabsichtigte Nebenwirkung hielt. Es durchströmte sie warm bis in die Wirbelsäule hinein. Ein Gefühl, das sich ihr tiefer ins Gemüt eingrub als jede Lustexplosion, die sie bisher erlebt hatte. Und sie hatte schon gewaltige Orgasmen erlebt.

Lars wusste, dass die Erinnerungsvorstellung dieses intensiven, das Dasein in jeder Hinsicht bejahenden Erlebnisses Huldas Bewusstsein künftig wie ein Trabant seinen Planeten umkreisen und das restliche Leben tief beeinflussen würde.

Vielleicht würde die Behandlung auch ihre Kopfschmerzen verringern.

Gänzlich verbergen konnte Hulda das inwendige Lustgeschehen allerdings nicht. Als Lars mit einer letzten Fingerspitzenbewegung oberhalb des Grübchens am Übergang vom Rücken zum Po den Gefühlstrabanten endgültig in seine die Hormone an- und abschwellen lassende Umlaufbahn brachte, hauchte Hulda ein zärtliches ›Gogol‹, was wiederum ihn beinah aus der Fassung brachte.

Bis etwa zu seinem fünfzehnten Lebensjahr hatte er ein kleines Kopfkissen in seinem Bett liegen, Golgol, ohne das er nicht gut hatte einschlafen können. Das weiße, mit kleinen roten Sternchen übersäte Kissen war der vertrauteste Gegenstand seiner Kindheit gewesen, ein verlässlicher Seelentröster. Lars wurde regelmäßig melancholisch, wenn er sich, oft in den unerwartetsten Augenblicken, an Golgol erinnerte. Huldas hingehauchtes ›Gogol‹ aber ließ Lars' Herz schneller schlagen. Ihr Flüsterwort konnte kein Zufall gewesen sein.

Als sie sich verabschiedeten, lag nicht nur in Huldas Augen ein beinah transzendent zu nennender Glanz.

Immer noch von dem wunderbaren Gefühl durchströmt, welches Lars ihr bereitet hatte, fuhr Hulda nicht mit einem Taxi nach Hause, sondern ging zu Fuß. Den Schmerz im Knie nahm sie nicht mehr wahr.

Obwohl sich die Zahl der Tauben nach der Jagdfreigabe merklich verringert hatte, waren Straßen und Bürgersteige nach der mittäglichen Reinigung an vielen Stellen schon wieder großflächig mit frischem Kot bedeckt, der sich dank leichten Nieselregens glitschig verflüssigt hatte. Es war geradezu naturgesetzlich, dass der nur wenig zu schnelle BMW, obwohl Spitzenmodell mit hydraulischer Zweikreis-Bremsanlage, nicht mehr stoppen noch ausweichen konnte, als Hulda, ohne auf den Verkehr zu achten, voller Wohlgefühl auf die Fahrbahn der Volierenallee trat, um sie zu überqueren. Dennoch wurde der Todesfahrer zu einer Geldstrafe verurteilt. Er hätte die Geschwindigkeit des Wagens den Straßenverhältnissen anpassen und im Schritttempo fahren müssen.

Aber welcher BMW-Fahrer tut das schon.

Eine Woche später fanden Huldas Eltern, die die Nachricht vom Tod ihrer Tochter erst nach drei Tagen während einer Kreuzfahrt im Pazifik erreicht hatte, die von ihr so innig geliebte weiße Taube tot auf dem Boden des Vogelbauers.

Irritiert lasen sie die in den Streusand des Käfigbodens gekratzte Nachricht: ›*Gogol is leaving you*‹.

Jacky

›Der Angeklagte hatte eine schwere Jugend.‹

Jacky Galamb, von Kind an Baggy genannt, hatte diesen Satz schon mehrmals gehört, als er nach einem Erkenntnisereignis zwar nicht unmittelbar seine Lebensführung, aber doch sein Denken und Fühlen änderte.

Gewiss konnte auch Lebensänderung eine echte Leistung sein – nach gängiger Meinung sprach für diese Hypothese, dass trotz offensichtlicher Dürftigkeit nur wenige Menschen ihr Leben tatsächlich grundlegend zu ändern vermochten –, aber hieß das was? Ließ rilke-sloterdijksche Lebensänderung – das Epitheton bereitete Unbehagen, seit es zu einem Schaugroschen in Mainstreamgazetten verkommen war, besaß aber immer noch unersetzbare Signifikanz –, ließ bloß äußere Lebensänderung den alten Adam nicht lediglich in neuer Wäsche neue Schritte tanzen, im Wesen aber unverändert? Hatte jemand, der seine Feinde zelotisch verfolgte, seinen Fanatismus abgelegt, wenn er die Seiten gewechselt hatte und statt eines Harnischs ein schafwollenes Übergewand trug?

›Der Angeklagte hatte eine schwere Jugend.‹

Fast zehn Jahre waren vergangen, seit Jacky diesen Satz das letzte Mal zu hören bekommen hatte. Bedauerlicherweise war er inhaltlich absolut korrekt. Jacky hatte Kindheit und Jugend weder in förderlichen noch gesitteten noch auch nur gesicherten Verhältnissen verbracht. War der Kühlschrank leer, gab's immer noch Alkohol, der seine beiden Erziehungsberechtigten jämmerlich und aggressiv werden ließ. Hatten sie sich nichts zu sagen, konnten sie immer noch aufeinander einprügeln, sich anbrüllen oder miteinander vögeln, gern zusammen mit gepiercten und tätowierten Freunden auf der Wohnzimmercouch. Dass seine Eltern Drogen nahmen, machte Jackys Jugend nicht leichter. Zumal nach dem Goldenen Schuss Papas und Mamas dauerhafter Unterbringung in der Geschlossenen – Jacky war elf und physisch wie psychisch noch sehr unentwickelt – sein Onkel, der die Vormundschaft übernommen hatte, regelmäßig nicht gesetzeskonforme Handlungen an ihm vornahm und von ihm an sich vornehmen ließ.

Von Natur aus eher schmächtig, hatte Jacky seinen Körper nach dem nur knapp geschafften Hauptschulabschluss mittels jahrelangen harten Trainings zu einem durch und durch ansehnlichen Muskelspiel geformt, das sich umso imposanter ausnahm, als er zwischen seinem sechzehnten und zehnten Lebensjahr einen kräftigen Schuss in die Höhe gemacht hatte. Manchem flößte er sogar Angst ein, was auch seinem etwas finsteren Gesichtsausdruck geschuldet war, dem nur wenig Wohlwollen und Langmut, dafür umso mehr Misstrauen eingeschrieben war.

Tatsächlich hatte ihn seine aufbrausende Reizbarkeit mehrmals zu Handlungen verführt, die er danach zwar nicht im moralischen Sinn, aber doch wegen der unangenehmen Folgen bereute. Bei der letzten Verurteilung – er hatte einem Bandido, der es nicht hatte lassen können, ihn vor Freunden Ziegenficker zu nennen, nicht nur den Unterkiefer zerlegt, sondern unglücklicherweise auch zu einem Rückenwirbelbruch mit anschließender Rollstuhlpflicht verholfen –, zuletzt war Jacky um Sicherungsverwahrung nur herumgekommen, weil sein Anwalt in ergreifenden, Mitgefühl auslösenden Farben den familiären Hintergrund Jackys als mildernden Umstand ins Plädoyer eingezeichnet hatte und der Richter an das radikal Gute im Menschen glaubte.

»Ein letztes Mal«, hatte der Richter bei der Urteilsverkündung scharf betont, »eine weitere Straftat, wann und was auch immer, und Sie werden die restlichen Tage Ihres Lebens hinter Schloss und Riegel verbringen«, aber es möglicherweise nicht so streng gemeint. Er hatte für Straftäter wie Jacky, denen im Leben nichts geschenkt worden war, ein schier unerschütterlich mitleidiges Herz: Jeder noch so verkorkste Verbrecher benötige lediglich einen zwar unwahrscheinlichen, aber nicht unmöglichen günstigen Umstand, um die brutalistischen Bollwerke aufgezwungener Selbstschutzmaßnahmen aufzubrechen und die gesamte innere Person grundlegend zum Wahren und Schönen umzuformen.

Außerdem, hatte sich der Richter durch Aktenstudium überzeugt, war bisher kein wirklich Unschuldiger durch Jacky zu Schaden gekommen. Nicht nur war allen durch ihn Geschädigten eine nicht unbeträchtliche Mitschuld an den Gewaltausbrüchen zuzuschreiben, es war auch niemals jemand ramponiert worden, dem man im Sinne höherer Gerechtigkeit nicht einen derben Schlag in die Fresse gegönnt hätte. Jacky hatte in den bekannt gewordenen Fällen nur etwas maßlos reagiert und darüber hinaus das Pech gehabt, dass unglückliche Zufälle schwerere Folgen generiert hatten, als die Schläge allein, an und für sich, produziert hätten. Mal hatte sich eine Glasscherbe ins Auge eines Falschspielers gebohrt, der nach einem Schlag Jackys in einen schon angebrochenen Kneipenspiegel getorkelt war, mal sich ein verbotenes Butterflymesser in der Hosentasche eines Zuhälters geöffnet und dessen Penis amputiert, mal – bei dem frech gewordenen Bandido – ein Drehsturz über das ausgestellte Bein eines täppischen Spießgesellen auf eine robuste Tischkante hinter ihm einen Rückenwirbel irreparabel lädiert.

»Ein letztes Mal«, hatte der Richter sehr eindrücklich gesagt, obwohl er trotz seiner wohlwollenden Güte wusste, dass die Prognose für einen Hells Angel eher übersichtlich war. Und auch im Knast waren alle davon überzeugt, dass das nicht Baggys letzter, sondern vorletzter Aufenthalt sein würde.

Wahre Wunder geschahen selten und Gefängnisse hatten sich bislang nicht als bevorzugte Orte für unerklärliche Heilsgeschehnisse erwiesen, trotz gegenteiliger literarischer Beteuerungen.

Die pädagogisch ambitionierte Anstaltsleitung hatte die geniale Resozialisierungsidee entwickelt, das Gefängnis in einen geschmack- und geistvollen Ort zu verwandeln, dessen menschenfreundliches Ambiente die Insassen zu ebensolchem Verhalten anstiften würde. Gänge und Zellen erhielten friedenstiftende Pastellfarben – hauptsächlich Baker-Miller-Pink –, an die Wände wurden großformatige Fotografien blühender Landschaften gehängt, der Leseraum mit schwedisch hellen Schreibtischen möbliert. Tags durchsäuselten beruhigende Klänge die Gemeinschaftsräume, tibetanische Untertongesänge, gregorianische Choräle, Luigi Nonos Vokalmusik.

Als besonderen Clou hatte der Gefängnisdirektor, Theologe und promovierter Jurist mit grünem Parteibuch – nach von Pfullendorfs ›*Tuchblätterbuch*‹ symbolisiert Grün die Reinigung der Seele durch die göttliche Gnade sowie den Nutzen wahrer Reue –, gewaltige Transparente mit erbaulichen Sentenzen geistlicher und philosophischer Provenienz an den Wänden der Werk- und Fitnessräume anbringen lassen, Sprüche, die von den meisten Insassen allerdings nicht oder falsch verstanden wurden.

Was auch soll ein Mafioso mit dem Satz anfangen: ›*Zwei Dinge erfüllen das Gemüt mit Bewunderung und Ehrfurcht: Der bestirnte Himmel über mir und das moralische Gesetz in mir*‹ oder ein Mädchenhändler mit der auch Gebildeteren nicht leicht zugänglichen Wahrheit: ›*Aufklärung ist der Ausgang des Menschen aus seiner selbstverschuldeten Unmündigkeit*‹?

Auf Jacky aber machte ein in der großen Sporthalle über die Türen gehängtes Transparent einen unerwartbar wirkungsvollen Eindruck: ›*Zur inneren Freiheit werden zwei Stücke gefor-*

dert: seine Affekte zu zähmen und seine Leidenschaften zu beherrschen‹.

Nicht nur hatte ihm noch nie jemand gesagt, dass er unfrei handelte, wenn er seinem Zorn freien Lauf ließ. Ihm ging auch auf, plötzlich und unvermutet, dass sprachliche und gedankliche Genauigkeit zusammenhingen, ja mehr, dass sprachliche Exaktheit und Weltverständnis korrelierten.

Natürlich wurde Jacky diese Erkenntnis nicht sofort in dieser präzisen Begrifflichkeit bewusst. Es wäre nicht falsch zu sagen, dass er der Unverständlichkeit des Anrufs wegen zunächst nichts als verwirrt war, gewissermaßen vom Pferd gestürzt und blind geworden. (Er benötigte nach seiner Erschütterung mehrere Jahre, bis er auf die sprachliche Höhe des Apostels der Völker geklommen war.) Metonymisch gefasst aber stimmte die Aussage, zumal die berühmteste Miszelle Jackys, ›*Denken ist ein unermüdlich zu schärfendes Schwert*‹, mit jener Erkenntnis beginnt.

Es war erregend zu beobachten, wie der einsilbige, niemals lesende Hells Angel von diesem Tag des Heils an zu einem natürlich nicht in allen Wissenschaften rundum gebildeten, aber sprachlich kernigen, begrifflich originellen und philosophisch tiefen Schriftsteller avancierte.

Wo kam die gewaltige Sprachkraft her, die ihn seine so unwahrscheinlichen Metaphernschneisen durch erkenntnisfeindlichste Ignoranzdschungel schlagen ließ? Das Naturereignis Jacky – Blumenberg hätte ihn als Chimäre aus Thales und thrakischer Magd verbucht – erschütterte die Intellektuellenwelt und spaltete sie in Bewunderer, die, gewiss ängstlich, aber doch freudig, die erstmalig erschlossenen Gebiete zur neuen Heimat erkoren, und Verächter, die die neuen Pfade zu Abwegen ins Nirgendwo, Immer-schon-Öde, Längst-schon-Verlassene erklärten. In Deutschland waren die Verächter in der Überzahl, die Franzosen dagegen nahezu unisono der Meinung, dass sich mit Galamb endlich wieder, nach der langen germanischen postheideggerschen Denkverweigerung, ein deutschsprachiger Originalphilosoph zu Worte melde. Besonders sein Gefängnistagebuch ›*Kant erklärt Hegel die Philosophie Nietzsches. Ein Brevier unter Marmorklippen zu lesen*‹ und ›*Faïds Hollywood. Algerische Ausbrüche*‹, hatten den seit dem Bastillesturm captivophilen Nachbarn vom Wiederaufleben relevanten alemannischen Denkens überzeugt. Endlich lohnte es sich wieder, einem Deutschen auch dann zuzuhören, wenn er nicht über Panzer oder Fußball dozierte.

Und doch blieb Jacky Hells Angel. Als er die Haftanstalt nach neun Jahren wegen guter Führung verließ, hatte er seine Rocker-Kutte wieder an, die ihm das erste Mal in seinem Leben so etwas wie Zugehörigkeit zu einer Familie, deren Mitglieder füreinander einstehen, bedeutet hatte und die er beim Einzug in die Anstalt hatte ablegen müssen. Aber sie war ihm, wie der Club selbst, zu etwas geistig Bedeutenderem geworden. Er begriff das Backpatch-Emblem ›*Death's Head*‹ jetzt als antiideologisches Friedenszeichen und die Motorradgang als antirepressive NGO. Mehrere seiner Aphorismen in foucaultscher Manier beleuchteten die subversive Positivität der Hells Angels in Worten, die sogar Lifestyle-Blätter zitierten.

Den ihn am Gefängnistor abholenden Clubbrüdern war diese positive Interpretation umso wohlgefälliger, als ihr Charter gerade Gefahr lief, verboten zu werden. Jacky hatte nicht nur bei seinen Freigänger-Lesungen während des letzten Jahrs vor seiner Entlassung, sondern auch in Fernseh-Talkshows seine Hells-Angels-Kluft getragen und damit der breiteren Öffentlichkeit das neue, sympathische Gesicht der Hells Angels präsentiert.

Konnte ein Serviceclub, der ein so offensichtlich friedliebendes Mitglied hatte, wirklich verboten werden? Selbst Staatsanwälte, die Hells Angels bisher alles, nur nichts Gutes zugetraut hatten, wurden nachdenklich. Kriminalobermeister Götz-Georg Porumbel, wohl vertraut mit der städtischen Kriminalitätsszene, hatte die Veränderung bei den hiesigen Hells Angels während einer polizeilichen Lagebesprechung auf den Punkt gebracht: »Wir können uns jetzt ganz auf die Russen-, Serben-, Türken-, Bulgaren-, Nigerianer-, Chinesen-, Australier-, Italiener-, Dänen-, Finnen-, Schweizer- und Bösterreichermafia konzentrieren.«

Um nicht ins Abstrakte abzugleiten, hielt es Jacky mit Sokrates, der nicht, wie heutige Philosophieprofessoren, ausschließlich mit seinesgleichen Umgang pflegte. Jackys bevorzugte Kommunikationsstätte war allerdings nicht die Agora, sondern, seiner Herkunft und Ikky S jun folgend, das Bordell. In den Gängen und Bars der mehr oder weniger phantasieanregenden Etablissements traf er liebeerfahrene Frauen jeden Alters und Geschlechts sowie Männer aller Geistes- und Gemütsklassen mit unterschiedlichsten, aber immer sehr konkreten sexuellen Wünschen und Erfahrungshintergründen. Jackys Bordellbesuche hatten das Gros der Intellektuellen davon überzeugt, dass das Freudenhaus ein authentischer Ort war. Mancher Laufhausbesitzer witterte neues Geschäft und verlangte schon allein für den Eintritt in sein Bordell einen Obolus, der bei Nutzung eines erotischen Serviceangebots natürlich verrechnet wurde.

Jackys Bordelltag war Dienstag. Heute, zweiter Oktober, hatte sich im geschmackvoll jugendstilmöblierten Kontaktsalon des Nostalgieetablissements ›Haarspalte‹ ein Kreis Damen und Männer um Jacky und seinen Dialogpartner Lars von Krall herum gebildet, den es nach der heutigen wunderbaren Begegnung mit Hulda nach Abwechslung gelüstet hatte.

Kurz vor dem analytischen Höhepunkt ihres Gesprächs – die Zuhörer waren in eine prickelnde erotische Spannung verfallen, sah es ja so aus, als ob die Jahrtausende alte Frage, ob Liebe Schönheit erzeuge oder umgekehrt, einer Lösung zugeführt werden könnte –, gerade als Jacky anhob, den Schlussstein seiner grandiosen Argumentationskuppel zu setzen, wankte ein bezechter Freier, in der fuchtelnden rechten Hand ein Taubengewehr, aus der Tür, die nach oben in die Zimmer führte, in die Runde und fing an, Lars zu beschimpfen.

»Du hast meine Ehe ruiniert, Diotima hält mich für einen schlechten Liebhaber, erst mit dir, sagt sie, hat sie einen Orgasmus gehabt, mit mir nie.«

Leider beließ es der Unbekannte nicht bei Beschimpfungen, sondern griff mit seiner freien Hand nach einer auf einem Sideboard stehenden Glasvase mit Vagina-Muster in der Manier Emile Gallés und hob sie drohend vor Lars in die Höhe. Jacky war der Geistesgegenwärtigste, sprang von der roten Chaiselongue und entriss dem Mann das Taubengewehr und das so anmutig verzierte Gefäß, aber unglücklicherweise mit so viel Schwung, dass die Vase mit voller Wucht die linke Schläfe von Lars traf, der halbrechts hinter ihm saß und allein auf den Angreifer und nicht auf Jacky achtete.

Das schöne Art-Nouveau-Motiv der Vase war als Negativabdruck auf Lars' Schläfe sensationell deutlich zu sehen. Lars aber war trotz der lebensbejahenden Zeichnung auf seiner Haut sofort tot.

Götz-Georg

Götz-Georg Porumbel war süchtig. Süchtig nach Aufwühlendem, Atemberaubendem, Dramatischem. Nach Eruptionen, Explosionen, Detonationen. Es musste zur Sache gehen, psychisch-kosmisch knallen, die Welt infrage stehen. Schließlich war er ein Mann. Ein Mann-Mann. Zaghafte Streicheleien, vorsichtiges Geflüster, zurückhaltendes Händchenhalten war was für Frauen. Für einen Mann-Mann waren Schmetterlinge, ob im Bauch oder über einer Wiese, bestenfalls erwähnenswert. Nur Sensationelles, Adrenalinspritzendes, Herzschlagtreibendes war Leben, allein im Kick schlug Lebenssinn.

So war's nur schlüssig, dass es ihn nach einem gescheiterten jüngerschen Versuch, bei der Fremdenlegion anzuheuern, und dem dann doch noch und sogar mit Bestnoten bestandenen Abitur zur Kripo zog und nicht zur Armee oder einem Warlord. Polizisten erlebten Kicks häufiger als Soldaten und Sniper. Im Krieg, auch im irregulären, wurde hauptsächlich gewartet, auf den nächsten feindlichen Angriff, die nächste heranfliegende Granate, das nächste Himmelfahrtskommando. Stunden, tage, wochenlang. Die meiste Zeit passierte nichts. In jeder ordentlichen Großstadt war mehr los. Kriminalität im Minutentakt.

Götz-Georg hatte sein tief in ihm verankertes Verlangen nach einem erregenden Leben trotz einiger Abenteuerimpulserfahrungen erst während der Vorbereitung aufs Bio-Abi (Thema: ›Vererbung und Verhalten‹) als seine genetische Veranlagung erkannt. Vor dieser Selbsterkenntnis hatte er auch seine tiefsten Wünsche und Begierden zu den von ihm frei wählbaren Gemütseinstellungen gezählt. Dank seiner schon damals moralinfreien Weltsicht akzeptierte er seine Charakteranlage aber ohne größeren Abwehrkampf.

Es war zwar eine relativ späte, aber, für den Psychologen wie den Philosophen, nicht überraschend späte Einsicht. Das ›*Erkenne dich selbst!*‹ hätte nicht prominent in der Vorhalle des delphischen Apollotempels gehangen, wenn es leicht umzusetzen gewesen wäre. Die alten Griechen posaunten keine Trivialitäten in die Welt hinaus. Und auch nach zweieinhalbtausend Jahren war der Selbsterkenntnis-Imperativ noch genauso befremdlich und schwer umzusetzen wie zur Zeit von Sokrates und Platon. Fürs ›*Werde, der du bist!*‹ gab's keine Bedienungsanleitung.

Einerseits war Götz-Georg also ununterbrochen auf höchstmögliche Erregung aus. Andererseits aber war er intelligent. Er hatte erkannt, dass sein Leben dereinst nur dann als wirklich gelungen würde bezeichnet werden können, wenn es mindestens hundert Jahre gedauert und eine Höchstzahl elektrisierender Höhepunkte gehabt haben würde.

Anderes als Erregungen für wesentlich im Leben zu halten, hielt er für ideologisch, abgeschmackt oder hasenfüßig, weshalb er sich mittels Meditationsübungen in Merschers Fitnessstudio ›Sinn & Form‹ unter Leitung des die mentale Abteilung leitenden nordkoreanischen Zen-Meisters zu einem disziplinierten Orgien-Epikureer mit wachem Bewusstsein, präzisem Verstand und durchdringendem Reflexionsvermögen hochtrainiert hatte. Zur Maximierung der Gesamtlust eines Lebens, hatte er gelernt, bedurfte es der Fähigkeit der Fokussierung auf die wirklich großen Lüste, was ein Höchstmaß an Beurteilungsfähigkeit, Geduld und Zurückhaltungsvermögen verlangte, Tugenden, die allein durch tägliche Übungen zu vervollkommnen waren.

Yolo ja, aber mit Verstand.

Dank seines Trainings hatte sich Götz-Georg daher gewöhnlich geradezu mühelos unter Kontrolle. Nur selten fielen ihm Maß und Zurückhaltung schwer. An Fomo litt er schon lange nicht mehr.

Vor einigen Tagen aber hatte er Justine kennengelernt, verführerisch, neugierig, ideenreich, mit einem Wort: weiblich. Und, wie er bald hatte erfahren dürfen, sexuell zupackend und aktiv.

Weil ihm bewusst war, dass ihn keine erotische Einzelbeziehung, so leidenschaftlich sie auch sein mochte, mehr als hundert Tage lang würde begeistern können – der realistische Blick des reflektierenden Künstlers (Liebesverhältnisse auf höchstem Niveau halten sich günstigenfalls einige Monate; und was will ein erotisch anspruchsvoller Mensch mit einem defizienten

Dauerzustand?) –, er also die wenigen Wochen Hoch-Zeit nutzen musste, wenn er ein Lustpotential auskosten wollte, hatte er sich ganz, mit Haut, Haar und Sinnen, dem Abenteuer Justine verschrieben, zumal er nicht befürchtete, dass sich seine Fokussierung negativ auf seine Arbeit auswirken würde. Er hielt es für nahezu ausgeschlossen, dass während der nächsten Dienste irgendetwas geschehen würde, was uneingeschränkte Aufmerksamkeit und Reaktionsschnelligkeit erfordern würde. Außer Routinefestnahmen unbedarfter kleiner Dealer und dilettantischer Gelegenheitshuren, die sich mit den Sperrbezirken nicht auskannten, sowie der Aufnahme von Verkehrsunfällen und Wohnungseinbrüchen war nichts an Einsätzen zu erwarten.

Den gesamten Oktober über war Götz-Georg mit Bert, einem jungen Kollegen, der eben die letzten theoretischen Prüfungen bestanden hatte und so gut wie keine Praxiserfahrung besaß, zum Streifendienst durch den ersten, die Innenstadt umschließenden Ring eingeteilt, der in Sachen Kriminalität absolutes Ödland war.

Dass er als Kriminalobermeister zur Ausbildung abgeordnet worden war, lag an der miserablen Personalsituation. Im Rathaus hatte sich die schöne Idealistenansicht durchgesetzt, dass Ordnungshüterei nicht nur eine gesellschaftliche Sekundärtätigkeit, sondern selbst nicht unschuldig, nämlich als eine Art *Agent Provocateur* für eine beträchtliche Anzahl von Verbrechen anzusehen war, weshalb die Zahl der Polizisten reduziert werden konnte, um Geld für wichtigere politische Aufgaben freizubekommen.

Doch Götz-Georg war's Streifeschieben mit Bert gerade recht. Er war wortkarg, benötigte keine Anweisungen und fuhr den Einsatzwagen ruhig und sicher durch die langweiligen Wohnstraßen, so dass sich Götz-Georg ganz seinen erotischen Tagträumereien überlassen konnte.

Besonders Justines Rundungen hatten es ihm angetan. Er konnte sich an ihnen nicht nur nicht sattsehen, wenn er sie leibhaftig vor sich hatte, auch sein Einbildungsvermögen wurde nicht müde, sich mit Justines Busen, Po und Beinen zu beschäftigen. Ein Dauerloop.

Zum Zwecke der Selbstvervollkommnung – Götz-Georgs Eudämonismus zielte auf lustvollste Adrenalinausschüttung – hatte er nicht nur einschlägige literarische und philosophische Werke des zehnten und neunzehnten Jahrhunderts gelesen – vom Adel lernen heißt leben lernen –, sondern sich auch zur bildenden Kunst gewandt, namentlich zu Genre und Portrait, hielten diese ja menschliche Leidenschaft in all ihren Facetten besonders lebendig fest.

Götz-Georgs versammelte Raffinesse – Diego Ventura auf seinem zur Pesade erhobenen Schimmel, elegant vornübergebeugt, Banderillas in Händen –, Götz-Georgs Phantasie bevorzugte Szenen vorbereitender Erregung: Antonio Canovas ›*Tänzerin mit Zimbeln*‹ (›*aus den Betrachtungen der natürlichen Bewegungen unschuldiger Mädchen lässt sich immer eine Lehre ziehen*‹), Jean-Honoré Fragonards ›*Mädchen mit Hund*‹, François Bouchers ›*Ruhendes Mädchen*‹. Sogar Frank Horvats so wenig fröhlich scheinende ›*Le-Sphinx-Mädchen*‹ animierten seine Lustreflexe.

Hatte sich Horvat nicht in eine der Frauen verguckt, ihrer kleinen Brüste und breiten Hüften wegen? ›*Ich glaubt' vereint zu sehen, was ich noch nie geschaut, Antiopes Hüften und die Schultern eines Knaben.*‹

Nun hatte Justine nicht gerade kleine Brüste. Und war mit ihren zweiunddreißig auch nicht mehr ein Mädchen. Gleichwohl wurde Götz-Georgs Schaulust von Justine geradezu voll umfänglich bedient (*beneficium sollicitationis*).

Sie hatte ihr geräumiges Schlafzimmer orientalistisch als ein für europäische Augen marokkanisch-osmanisch-indisch anmutendes Haremsgemach eingerichtet, mit persischen und turkmenischen Teppichen, goldfädendurchwirkten, von purpurnen Kordeln gerafften damastenen Fensterstolen, seidenen Gobelins mit anregenden erotischen Szenen, rot, blau und grün glimmenden Laternen, bauchigen Vasen voller Rosen und Chrysanthemen, weich schwellenden, ledernen Poufs, goldgefassten Spiegeln, brokatüberzogenen Boudoirstühlchen, einer himbeerrot schimmernden Seidenottomane und einem hohen, üppig mit Seidenkissen bedeckten Bett unter einem nachtblauen, mit goldenen Sternen übersäten Chiffonhimmel. Die Sitz- und Liegeflächen, Lehnen und Stangen des robusten Mobiliars boten Justine vielfältige Möglichkeiten für nudistische Kontorsionen, in die sie überraschend phantasievolle Handhabungsdemonstrationen elektrischer Haushaltsgeräte einbaute.

(Wir dürfen alter Überlieferung halber davon ausgehen – als Zeus und Hera einmal stritten, ob Frauen oder Männer mehr Spaß am Sex hätten, antwortete Teiresias, dass von den zehn Lustarten der Mann nur eine, die Frau aber neun kenne –, wir dürfen als erwiesen annehmen, dass Justine bei ihren Vorführungen, zu welchen sie eigenartigerweise Nationalhymnen von ihrer Musikanlage abspielen ließ – am liebsten französische, ›*Marche de Henri IV*‹, ›*Le Chant du Départ*‹, ›*Maréchal, nous voilà*‹ (wir werden noch erfahren, wie Justine auf ihre extravaganten Arrangements kam) –, mehr Vergnügen fand als Götz-Georg.)

Jetzt aber saß Götz-Georg neben seinem Azubi auf einer ereignislosen Streifenfahrt, die sie im Schritttempo durch einen von den Bomben des letzten Kriegs und den Neubauten nach ihm nur wenig lädierten Stadtteil führte. Fünfstöckige Jugendstilfassaden, hinter denen Anwälte, Professoren und Orchestermusiker wohnten, blickten auf ruhige Straßen mit breiten, platanenbestandenen Bürgersteigen. Ideal für Straßencafés. Aber die Saison war vorbei, so dass nicht einmal mit polizeilich zu unterbindendem Gästelärm zu rechnen war.

Die Gussmast-Laternen mit Schinkelleuchten unter den noch belaubten Bäumen warfen ein so warmes Licht, dass es schier unmöglich schien, dass sich hier Verbrechen ereignen könnten.

In einer knappen Stunde um dreiundzwanzig Uhr war Feierabend. Zeit für Justine.

Als sich Götz-Georg letzte Nacht von ihr verabschiedet hatte – sie bestand darauf, nicht mit ihm in der gleichen Wohnung zu übernachten (zusammenbleiben über den Sex hinaus töte jedes Verlangen) –, hatte Justine angedeutet, ihm ›morgen‹ (also heute) ein Instrument, ein Werkzeug zu zeigen, mit dessen Hilfe sie die Drehgeschwindigkeit ihres Lebens ins Ungeheure erhöhen könnten. Er werde nicht anders als begeistert sein. Sie habe vor einigen Jahren in einem philosophisch-psychologischen Ratgeber diese sowohl semantisch wie mathematisch fundierte Vorgehensweise, das Leben maximal aufregend zu gestalten, entdeckt und würde dieses Verfahren gern einmal gemeinsam mit ihm anwenden. Sie gehe davon aus, dass er es noch nicht kenne, weil er sonst wohl nicht so lange bei der Kripo geblieben wäre … Die Welt werde ein Kaleidoskop bisher unbekannter Sensationen, wenn dem Zufall zum Recht verholfen werde.

Götz-Georg war elektrisiert, aber auch nachdenklich. War sie lebensklüger als er?

Doch gerade als ihm eine besonders akrobatische Szene, die sie ihm gestern unter Verwendung eines ihm unbekannten japanischen Spielzeugs vorgeturnt hatte, in den Sinn kam, stupste ihn sein Kollege an.

»Da könnten wir hin. Das ist um die Ecke.«

Die Zentrale hatte gefragt, ob eine Streife in der Nähe der Haarspalte war. Ein Gast wollte seine Zeche nicht zahlen und fuchtelte mit einem Gewehr.

Götz-Georg spürte einen Anflug von Ärger. Warum machte das nicht die Bordell-Security? Außerdem war's nicht ihr Bezirk. Aber da sie nur zweihundert Meter weg waren, es bisher nur drei Einsätze ohne Entartungsrisiko gegeben hatte – eine Wohnungseinbruchsanzeige eines Werbeagenturchefs nach Rückkehr aus dem Urlaub, ein Autounfall in der Volierenallee, eine im Stadtwald herumirrende ältere Frau –, stimmte Götz-Georg zu. Die Streifenfahrt sollte nicht enden, ohne dass Bert wenigstens eine kleine Aufregung genossen hätte. Schon gestern war nichts los gewesen.

Bert meldete der Zentrale, unterwegs zu sein. Keine Minute und sie waren da. Am grüßenden Türsteher vorbei und hoch in den ersten Stock. Im Eingang zum Salon stand eine Traube junger, langbeiniger, nach Chanel N° 5 duftender Frauen. Als sich Götz-Georg und sein Prakti durch sie hindurchgeschoben hatten, sahen sie, wie sich ein Hells Angel mit einer Vase in der einen Hand und einem Taubengewehr in der anderen über einen auf einem Sofa liegenden Mann beugte und sich mit einem Schrei wieder aufrichtete.

Götz-Georg zog seine Waffe und rannte auf den Mann zu, der das Gewehr fallen ließ und die Vase, die er auf Augenhöhe in der Hand hielt, anstarrte. Offenbar war er verwirrt oder geschockt. Wiewohl vermutlich ungefährlich.

Götz-Georg war immer noch voll mit Bildern von Justine – der Duft der jungen Frauen hatte die Vorstellungsintensität sogar verstärkt –, als er das schöne Motiv auf der Vase sah.

Zwei Meter vor Jacky bremste er abrupt und breitete, gebannt von der Illusion, die Arme aus.

Bert, der, ihm nacheifernd, ebenfalls die Waffe gezogen hatte, kam direkt neben ihm zu stehen. Als ihm Götz-Georgs Ellbogen an den Unterarm stieß, hatte er den Lauf seiner Pistole nach oben gerichtet, sicher ist sicher und gelernt ist gelernt.

Der Schuss ging daher glücklicherweise in die Decke.

Unglücklicherweise aber traf er die Verankerung des den Salon zwar nur schwach erleuchtenden, jedoch äußerst dekorativen französischen Baccarat-Kronleuchters – eine fünfzehnflammige Manufakturarbeit aus dem zweiten Kaiserreich (vergoldete Bronzearmatur, kristallene Pendeloquen, Kugeln, Sterne) –, der knirschend aus dem Haltehaken rutschte und sich mit seiner ziselierten Spitze in die Schädelkalotte Jackys bohrte, mitten ins Bregma, wo sich *Sutura coronalis* und *Sutura sagittalis* ein letztes Mal ›Gute Nacht‹ sagten.

Für einen Aufklärer ein durchaus würdiger Tod.

Der Gunstgewerbelohnpreller jedoch nutzte die Gunst des Tohuwabohus nach dem Fall des Lüsters und verschwand unerkannt.

Veno

Veno Pulu dachte oft und gern über Begriffe nach, hauptsächlich über solche, die von fast allen Menschen bedenkenlos verwendet wurden, ›Tisch‹ zum Beispiel, ›Wahrheit‹, ›Politik‹ oder ›Liebe‹. Besondere Lust bereitete ihm das Nachdenken über die Begriffe ›Gott‹ und ›Welt‹: Was bedeuteten sie?

Bei ›Gott‹ fiel Veno die Antwort leicht: Seit Anselm wüssten wir, was wir meinen, wenn wir ›Gott‹ denken: Das, worüber hinaus Größeres nicht gedacht werden könne. Aber auch ohne einen expliziten Begriff verfügten wir über eine Vorstellung von Gott: Gott würden wir vor aller sprachlichen Fassung intuitiv begreifen.

Mit ›Gott‹ könnte jeder, der überhaupt denken könne, etwas anfangen.

Auf die Frage jedoch, was mit ›Welt‹ gemeint war, hätten, fand Veno, bestenfalls Menschen, die an Gott als den Schöpfer der Welt glaubten, eine mehr als vage Antwort. Wem Gott verloren gegangen sei, dem sei notwendigerweise auch die Welt abhandengekommen. Und selbst Gläubigen bürge die Frage nach der Vorstellungsbedeutung von ›Welt‹ eine geradezu faszinierende Menge sowohl verführerischer wie auch irreführender Scheinantworten.

Veno hatte während dutzender Meditationsstunden im Fitnessstudio ›Sinn & Form‹, das ihn zur Konzeption des eigenen, Mars und Venus eifersuchtsfrei (*sine ira et studio*) zusammenbindenden Fitnesscenters ›Hart & Weich‹ animiert hatte, über dieses Problem der Bedeutung des Begriffs ›Welt‹ nachgedacht. Er war dabei auf eine Schöpfungstheorie gestoßen, die sich ihm, bei aller pyrrhonischer Skepsis, die ihm als ehemaligem Maler von Fackeln und Feuern nahezu wesenseigen geworden war, nicht nur als unabweisbar erwies – er hielt es für geradezu *transzendentallogisch* unmöglich, die Prinzipien dieser Theorie jemals modifizieren zu müssen –, sondern auch als Schlüssel für jedes praktische Weltverständnis bewährte.

Wie alle vernünftig Nachdenkenden, die ihr Vertrauen in Gott setzen, zweifelte Veno nicht daran, dass Gott schon deshalb als existent angenommen werden musste, weil sonst kein Weg am Schluss vorbeiführte, dass die Welt keinen Sinn hatte. Welt ohne Sinnhaftigkeit wäre aber logisch nicht möglich.

Zwar weise das Dasein der Welt durch den seit jeher stattfindenden Freiheitsgebrauch der sie bewohnenden autonomen und so bedauerlich oft irrenden oder boshaften Wesen unbestreitbar inneren Widersinn auf, was aber kein Einwand gegen die Wahrheit sei, dass die Welt *für Gott* einen Sinn habe. Die das Dasein wie Miasmen eine Pestlagune durchseuchenden Übel Albernheit, Frivolität, Lüge, Leid und Schmerz seien nämlich, richtig im höchsten, göttlichen Verstande begriffen, nicht nur nicht widersinnig, sondern sogar höchst sinnvoll.

Selbst Momos würde an Gott nichts tadeln können.

Aber mehr noch: Die göttliche Sinnhaftigkeit der Welt wäre für den Menschen auch begreifbar. Man müsste nur die richtigen Begriffe finden: Das Relative, Unbefriedigende, Widerlegliche aller bisherigen Theodizeen rühre allein daher, dass die schon seit jeher feigen Philosophen nicht zu denken gewagt hätten, dass Gott die Welt als größtmögliche Ferne zu Sich erschaffen haben könnte.

Sich selbst und das Ihm Nahe durchschaue Gott nämlich wesenshalber vollkommen. Als vollkommene Superintelligenz habe Gott das Wissen, was Er und Seine Eigenwelt seien (›*Ich bin, der ich bin*‹), als Erkenntnisvollkommenheit in ewiger Unveränderlichkeit unablässig vor Augen.

Selbst der von Ihm zum Ewigkeitsvertreib erschaffene Fundamentalopponent Luzifer sei Gott innerhalb Seiner Eigenwelt bis in die komplexesten Winkelzüge hinein bekannt und berechenbar. Kein Eigenwelt-Spiel, keine Eigenwelt-Wette Satans, deren Ausgang Gott nicht im Voraus kennen würde.

Nun wäre aber der große Hofgaukler, der von Gott geschaffen worden war, damit Er sich unterhalte, für Ihn ohne ein Sein, das finstere Stellen hat – Stellen, in dem Er nicht in allem das Wissen und Sagen hat –, von Anbeginn an und in alle Ewigkeit hinein ein Langweiler, also gewissermaßen überflüssig gewesen. Überflüssiges aber, hatte Veno erkannt, wäre Gott ein Gräuel, konnte von Ihm also nicht erschaffen worden sein.

Es sei demnach, schloss Veno, geradezu seinslogisch notwendig gewesen, dass Gott auch Finsteres geschaffen habe, und zwar nicht nur ein Finsteres, dessen Finsternis irgendwann einmal durchleuchtet wäre, sondern ein solches, dessen Sein immer wieder neue Finsternisse generierte – schließlich wollte Gott ewig unterhalten werden. Gott habe daher ein Finsteres erschaffen, dessen Finsternisse Ihm niemals völlig bekannt sein würden, ein in gewisser Weise von Ihm Unabhängiges,

Selbstständiges, Unberechenbares, nicht schon von Seinsbeginn an Manifestes, mit einem Wort: ein Unvernünftiges, das von autonomen Willens- und Erkenntnisakten gesteuert eigene Vorstellungen von gut und böse, wahr und falsch, schön und hässlich entwickeln und sein Sein (*seine,* nicht *Seine* Welt) nach diesen Vorstellungen gestalten würde.

Gleichwohl könne Gott nichts kreieren, was überhaupt keinen Bezug zu Ihm habe. Das von Gott von Anbeginn an lustvoll ersehnte sowie zugleich kraftvoll erschaffene Fremde – ›*Am Anfang schuf Gott Himmel und Erde*‹ –, das Universum, das Gott aus und durch sich erschaffen habe – ›*Im Anfang war das Wort, und das Wort war bei Gott, und Gott war das Wort*‹ –, das Sein, das Gott mit allen notwendigen Anlagen zur Ausbildung autonomen Bewusstseins ausgestattet habe – ›*Und Gott sprach… Und es ward… Und Gott sah, dass es gut war…*‹ –, die von Gott erschaffende Welt konnte also nur das Ihm fremdest mögliche Fremde sein, nicht ein Ihm *absolut* fremdes Fremdes.

Trotz seiner stimmigen Gottes- und schlüssigen Welttheorie, die ihn jede Schicksalsfügung heiter und gelassen hätte annehmen lassen müssen, hatte ihn vor drei Tagen ein Schlag getroffen, der ihn völlig aus der Bahn warf (GAF 10).

Vor einem Vierteljahr hatte Justine zum ersten Mal Venos seit kurzem eröffnetes ›Hart & Weich‹ besucht. Nach dem Gesundheitscheck – die untersuchende Psychologin hatte Veno überwältigt mitgeteilt, dass sie bisher noch nie einem psychisch derart ausgeglichenen Menschen begegnet sei (»Sie ist total anders als alle anderen. So stelle ich mir den Dalai Lama vor«) – führte Veno Justine zusammen mit einigen weiteren Neulingen durch die sieben *Mens-sana-in-corpere-sano*-Bereiche ›*Conversation*‹, ›*Senses*‹, ›*Light*‹, ›*Motion*‹, ›*Cognition*‹, ›*Virtual Reality*‹ und ›*Nature*‹. Justine entschied sich nach einem kurzen Blick in ihre Handtasche – Veno fragte sich später, nachdem er diesen Handtaschenblick mehrmals gesehen hatte, ob ihre unglaubliche Ruhe und Ausgeglichenheit in Entscheidungssituationen an diesem Ritual läge – für ›*Motion*‹, er dafür, Justines erstes Training zu supervidieren, obwohl er für das individuelle Mentoring professionelle Mitarbeiterinnen eingestellt hatte. Der Vergleich mit dem Dalai Lama hatte ihn neugierig gemacht.

Seine unchristliche Neugier wurde belohnt. Ihm eröffnete sich eine völlig neue, erregende Welt, als er ihr beim *Stretching, Crunching* und *Bench Pressing* zusah. Hatte er die Leibesübungen bisher als Mittel zur Sublimierung der Spiritualität betrachtet, nahm er plötzlich wahr, dass sie auch für sich einen Sinn entfalteten. Einen nicht spirituellen. Gewissermaßen einen innerweltlich-physiologischen. Nach dem Premium-Feedbackgespräch in der nach Frühling duftenden *Centerlounch* lud er sie zum Essen ein. Er hatte sich unsterblich in sie verliebt. Und dass sie, nach dem offenbar obligatorischen Blick in ihre Handtasche, seine Einladung ohne jedes weitere Zögern annahm, verriet ihm, dass auch sie sich verliebt hatte.

In beidem irrte er aufs Unerfreulichste.

Allerdings war das nächste Vierteljahr das schönste in Venos gesamtem Leben. Innige Stunden zu zweit in verträumten Bistros wechselten mit philosophischen Gesprächen über theologische Fragen und stillem gemeinsamem Schweigen vor großer Kunst. Die Liebe blieb allerdings platonisch. Sex war Möglichkeit und Aussicht. Eines Tages würden sie miteinander schlafen, aber nicht aus nackter Gier oder gar gemeiner Geilheit, sondern um ihre seelisch gegründete Liebe in sinnlicher Lust geistig zu vollenden.

Natürlich war Justine anspruchsvoll. Wie auch nicht, bei ihrer Schönheit, Eleganz, Ausstrahlung. Sie musste ihr Leben lang von Verehrern umschwärmt gewesen sein. Weshalb Veno sie mit Geschenken überschüttete, von denen er nach Schaufensterbummeln mit ihr annehmen durfte, dass sie ihr gefallen würden. Veno war beglückt zu sehen, mit welch unschuldig kindlicher Freude sie die Präsente entgegennahm. Für das vergangene Wochenende hatte er eine Reise nach Paris gebucht (das ›Le Meurice‹ (Suite 108 (Dalí!); die aktuellen Besitzverhältnisse des Hotels waren ihm unbekannt), das ›Alain Ducasse au Plaza Athénée‹, das ›Épicure‹), hatte ihr zu zeigen beabsichtigt, dass er wie nur einer zu leben verstehe, hatte ihr sogar einen Heiratsantrag machen wollen, im ›L'Ambroisie‹, mit einem Ring von Tiffanys. Aber, wie fast alle Menschen, selbst die Leser von Hermann Hesse, schon haben erfahren müssen, nicht jedes Wollen führt zur Verwirklichung des Wunschs.

Am letzten Samstag hatte Justine ihm telefonisch mitgeteilt, dass sie einen anderen Mann kennengelernt habe. Einen, der ganz anders sei als er. Nicht so ein Schlappschwanz und Weichei, sondern zupackend, männlich, geil.

»Du kennst ihn. Der Polizist, der mit mir letzten Freitag dein jämmerliches Studio verlassen hat. Götz-Georg. Götz-Georg hat mich angemacht, wir sind in eine Bar, haben ein paar Negroni gekippt, und dann zu mir. Er hat mich sofort genommen und durchgefickt. Sein Sperma schmeckt wunderbar.«

Veno war noch nie in ihrer Wohnung gewesen.

»Und wenn du mir schon was bieten wolltest, dann doch bitte nicht gerade Paris. Langweilig!«

Drei Tage Stupor. Schließlich war Götz-Georg sein ältester Freund, wenn auch die Freundschaft nie eng gewesen war. Aber enge Freundschaften hatte Veno allemal nicht.

Erst am Dienstagabend war die Lähmung wieder verschwunden. Er musste mit Götz-Georg reden.

Götz-Georg war nach dem Hells-Angel-Vorfall in der ›Haarspalte‹, dessen Protokollierung über eine Stunde gedauert hatte, erst nach Mitternacht nach Hause gekommen. Justine, die ihn um halb zwölf hatte besuchen wollen, hatte er per Handy gebeten, später zu kommen, und sich frisch gemacht. Er öffnete Veno im seidenen Morgenmantel. Wer anders sollte es sein als

Justine? Er zog lächelnd die Tür auf, neutralisierte seine Miene aber augenblicklich.

»Ach, du bist's. Ich dachte, es sei jemand anders. Ich habe keine Zeit. Ich bekomme gleich Besuch. Eine Frau. Ruf mich die Tage mal an.«

Er wollte die Tür wieder schließen, aber Veno, einen halben Kopf größer, schob ihn in die Wohnung.

»Spinnst du? Was willst du?«, zischte Götz-Georg.

Veno hatte Tränen in den Augen.

»Justine zurück!«

Er zog Götz-Georgs Kopf mit einem Jiu-Jitsu-Griff, gegen den sein Freund in Überraschungsmomenten schon immer machtlos gewesen und auch nach der Polizeiausbildung geblieben war, nach unten und nahm ihn in den Schwitzkasten. Heute war Götz-Georg besonders unerfreut über Venos Kunststück.

»Lass das!«, keuchte er.

In diesem Augenblick kam Justine zur Tür herein. Veno kannte das Klappern ihrer High-Heels.

Panik.

Er drehte sich abrupt zu ihr um. Leider behielt er Götz-Georgs Kopf während der schnellen Drehbewegung in seinem Schraubstockgriff. Das kurze, trockene Knirschgeräusch hörten nur Justine und Veno, was aber nicht verwunderlich war. Das Geräusch kam von Götz-Georgs fünftem Halswirbel, der unter den starken Torsionskräften in zwei voneinander getrennte Teile zerbrach.

Für Veno aber zerbarst gewissermaßen mehr als für Götz-Georg, der nur sein Leben lassen musste. Veno ereilte das existenzielle Nichts. Sein Glaube an seine Welt- und Schöpfertheorie erwies sich als nicht resistent gegen Entsetzen.

Allerdings war Venos spirituelle Heimatlosigkeit nur von kurzer Dauer.

Justine

Heideggers Satz ›*Aristoteles wurde geboren, arbeitete und starb*‹ ist eine Zumutung für jeden, der Gedankengebäude ausschließlich für Denkgebäude von Denkenden hält – Gedanken seien Menschengedanken –, weist er ja darauf hin, dass es Theorien gibt, die unabhängig von ihren subjektiven Entstehungsbedingungen verstanden werden können. (Ein theoretischer Satz, der nicht mit dem empirischen in Widerspruch steht, dass es nichts gibt, was zwei Menschen in jeglicher Hinischt vollkommen gleich verstehen.)

Von dieser für vorurteilsfreie Denker recht trivialen Einsicht ist der Weg nicht weit zur vielleicht ebenfalls trivialen Einsicht, dass die Bedeutung objektiv wissenschaftlicher Sätze und Theorien nicht nur von den zufälligen Lebensbedingungen derjenigen, die sie zu begreifen versuchen, sondern auch von denen ihrer Erstentdecker in jeder Weise unabhängig ist. (Die Theorien und Sätze der Logik gehören dazu, die der Mathematik und, jedenfalls für die meisten Naturwissenschaftler, auch die der Naturwissenschaften.) Mit Blick auf die objektiv wissenschaftlichen Begriffe und Theorien haben also die Biografien ihrer Erstentdecker ausschließlich Bedeutung für den *Roman* ihrer Entdeckungsgeschichte.

Leicht einzusehen ist daher, dass, wenn Philosophie zu den objektiv wissenschaftlichen Erkenntnislehren gehört, auch die philosophischen Sätze zu den Erkenntnissen gehören, für deren objektivwissenschaftliches Begreifen Historiografien absolut irrelevant sind.

Gleichfalls philosophisch irrelevant ist es übrigens, wieso, weshalb, warum und von wem ein Satz, zur Erreichung welchen Ziels auch immer, tatsächlich verwendet worden ist. Was Geschichte und Politik betrifft, wollen wir mit dem gemeinen Österreicher konstatieren: ›*Es is, wia's is, und's woa, wia's woa.*‹

Jedenfalls drückt Heideggers aufs Wesentliche zurechtgefeilter Satz nichts als Hochachtung für Aristoteles als Wissenschaftler aus.

Das gesamte Werk des Stagiriten ist, so interpretieren wir den Meßkircher Gelehrten, der Geschichte wesenhaft transzendent und folglich, da objektiv überhaupt relevant, philosophisch relevant, was aber gemäß obiger Überlegungen heißt, dass biografische Daten und sonstige historische Tatsachen dem Bedeutungskern des aristotelischen Œuvres nichts Wesentliches beifügen und wir den größten Platonschüler ohne Einschränkung als Philosophen bezeichnen müssen, selbst wenn wir seine Überlegungen für eher verwirrend als erkenntnisfördernd halten.

Aristoteles, ein Philosoph also.

Von Justine Kyhki aber lässt sich, dass sie Philosophin war, nicht ebenso definitiv behaupten. Wenn sie Philosophin zu heißen verdient hat – vielleicht nicht Originalphilosophin, aber auch der chalkidische Leibarztsohn wird nicht zu jedem Zeitpunkt seines Lebens ein Originaldenker gewesen sein –, dann ihres Lebens wegen, also gewissermaßen paradoxerweise. Weder beschäftigte sie sich auf klassische Philosophenart mit philosophischen Problemen – sie mied sogar philosophische Diskussionen, freilich nicht wie der Teufel das Weihwasser, sondern wie Karl Lagerfeld Jogginghosen – noch strebte sie nach Schönem, Wahrem, Gutem um des Schönen, Wahren, Guten willen.

Insbesondere das Gute an sich war ihr vollkommen egal. Für sie mussten sich Tun und Verhalten angenehm anfühlen, gute Laune machen, prickeln wie Champagner. Ob gut oder böse – welche aufgeklärte Frau, die logisch und konsequent zu denken gelernt hatte, glaubte schon an das eine, unveränderliche, inwendige moralische Gesetz, dieses von sklerotischen alten Männern ersonnene Gespenst, mit dessen Beschwörung sich das Volk (die Machtlosen, die Habenichtse, die Frauen) so schön erschrecken und regieren ließ? –, ob gut oder böse gehörte für Justine nur dann zu den zu berücksichtigenden Auswahlkriterien einer Handlung, wenn's Gut- oder Bösesein als Bewusstseinsillusion positive Gefühle (Heiterkeit, Stolz, Schadenfreude) erzeugte.

Natürlich war sie, nicht anders als Aristoteles auch, nicht schon als Kind Philosophin gewesen. (Vielleicht war's Nietzsche, aber bei ihm ist's sowieso fraglich, ob er jemals jung war.) Justines philosophisches Leben hob an mit der Entdeckung von Luke Rhineharts ›*The Diceman*‹ am Tag der Abgabe ihrer Masterarbeit – Wochen zuvor hatte auf dem obersten Dach des unglücklicherweise sechseinhalb Jahre später durch das 2015er-Himalaya-Erdbeben zerstörten hinduistischen Maju-Dega-Tempels auf dem Durbar-Platz in Kathmandu der Flügelschlag einer auffallend schönen Nepaltaube (*Columba pulchricollis*) einen meteorologischen Prozess in Gang gesetzt, der in einen Wiener Platzregen gemündet war, vor dem Justine, weil er ihr sorgfältig arrangiertes Erscheinungsbild ruiniert hätte, mit dem sie bei einem ihrer Professoren einen guten Eindruck zu machen gehofft hatte, in die nächstgelegene Buchhandlung geflüchtet war, in dessen modernem Antiquariat ein Remittendenexemplar des Romans darauf gewartet hatte, von ihr gefunden, erworben (1 Euro) und gelesen zu werden –, das philosophische Leben Justines begann mit der ersten Entscheidung, die sie einen Würfel treffen ließ, und wurde authentisch, als sie begann, den Wurf 6 als Aufforderung: ›Würfle nochmal, wähle aber eine neue, völlig andere Handlungsbelegung!‹ zu begreifen. Sie ließ sich von diesem Moment an, so sagen es die Gesetze der Stochastik, durchschnittlich bei jedem sechsten

Würfeln dazu auffordern, sich neue Handlungsmöglichkeiten auszudenken, die sich von denen des ersten Wurfs zu unterscheiden hatten – autonom erzwungene Kreativität.

Um jederzeit entscheidungsbereit zu sein – nicht jede Situation verlangte Entscheidungen, aber jederzeit konnten entscheidungspflichtige Situationen eintreten –, legte sie einen Würfel auf den Boden jeder ihrer Handtaschen.

Justine hatte nicht wie der Autor von ›*Diceman*‹ Psychologie, sondern Mathematik studiert, war auch nicht verheiratet, noch hatte sie Kinder. Überhaupt war sie in den wichtigsten Belangen des Lebens unabhängig und frei.

Ihre Eltern waren's zufrieden, wenn sie sich gelegentlich telefonisch meldete. (Ein Erfüllbares, da der Würfel entschieden hatte, dass sie ihm jede Woche mindestens einmal die Handlungsanweisung, ihre Eltern ohne Verzug anzurufen, in die Befehlsauswahl geben müsse.)

Und sie war dank einer Würfelentscheidung finanziell unabhängig. Auf die Frage, was sie mit 50.000 Euro tun solle, die ihr ihre Eltern im Oktober 2008 anlässlich ihres Masters mit der Bemerkung geschenkt hatten, damit etwas zu machen, was Spaß mache, ob

(1) alle europäischen 3-Sterne-Restaurants besuchen,
(2) eine Segelyacht kaufen,
(3) sich bei Chanel einkleiden,
(4) eine Sammlung Würfel-Bücher anlegen (›*Das Neue Testament*‹, Eberhard Wolfgang Möllers ›*Frankenburger Würfelspiel*‹, Carolin Würfels ›*Ingrid Wiener und die Kunst der Befreiung*‹ usw.),
(5) ein gehebeltes Optionsgeschäft mit VW-Aktien tätigen oder
(6) was anderes,

auf diese so erfreuliche Frage hatte der Würfel mit ›5‹ geantwortet.

Außerdem war sie physisch und psychisch gesund, eine Eigenschaft, die sie bis zu ihrem Tod nicht einbüßte.

(Die Zeitspanne, die sie zuletzt schwerverletzt gerade noch lebte, vernachlässigen wir der vermuteten Kürze halber.)

Nach ihrer erfolgreichen Aktienspekulation ließ Justine alle wichtigen Entscheidungen vom Würfel treffen, gelegentlich auch gänzlich unwichtige. Bei der Wahl der möglichen Verhaltens- und Handlungsaufforderungen achtete sie auf eine Mischung aus Chaos und Ordnung, Konvention und Revolution sowie leicht Bewältigbarem und stark Forderndem. Da sie möglichst viele verschiedene Lebensverhältnisse kennenlernen wollte, legte sie als längste Zeitdauer, die sie bestimmten Tätigkeiten und Verhaltensweisen widmen wollte, ein Jahr fest. Zudem schloss sie alle aus, die ihr mit einer Wahrscheinlichkeit, die größer war als der dreihundertundsechzigste Teil der nach der ›*Sterbetabelle des Statistischen Bundesamts*‹ errechneten Jahressterbewahrscheinlichkeit deutscher Frauen ihres Alters, an Leib oder Geist würden schaden können. Zum Geistschädigenden zählte sie längere Freiheitsstrafen und Zwangsaufenthalte in psychiatrischen Kliniken.

Diese Überlegung hinderte sie jedoch nicht daran, auch Verbrechen, Gemeinheiten und Halluzinationen in ihre Würfellisten aufzunehmen. Nach sechseinhalb Jahren braven, Legalität sowie allgemein anerkannte Sitten und Gebräuche berücksichtigenden Würfellebens entschied sie sich – nichts im Leben ist zufällig: Sie stand just in dem Augenblick auf dem Durbar-Platz, als der Maju-Dega unter einer die Flügel zum Flug spreizenden Klippentaube (*Columba ruprestis*) zusammenbrach und sich ihre Wahrnehmung unerwartet aus der kleinen Welt des nur Anständigen und Erlaubten in die Großartigkeit des Außermoralischen und -sittlichen befreite –, am 25. April 2015 kurz nach 11:56 Uhr Nepalzeit entschloss sich Justine, Illegales in ihre Entscheidungslisten aufzunehmen, wenn das Risiko, für ihre Untaten an Körper oder Seele leiden zu müssen, gemäß ihrer immer sorgfältigen Wahrscheinlichkeitsberechnungen in den von ihr definierten grünen Bereich fiel.

Genauso gern jedoch stellte sie ab jener Minute neben dem auch weiterhin vorkommenden Konventionellen altruistische, wissenschaftliche, religiöse und künstlerische Räusche in die Entscheidungsverzeichnisse ein, wenn sie die Erregungsamplitude des Lebens zu erhöhen versprachen und ihr Gefahrenpotential jener stochastischen Abschätzung genügte.

Mathematikerin eben.

Schon die ersten zweieinhalb der letzten vier Jahre waren, neben Unspektakulärem – ein Sommermalkurs an der Mimar Sinan Üniversitesi in Istanbul, eine Fallschirmspringerausbildung am Rocky Mountain Skydive in La Salle, die Vorbereitung auf den New Yorker Stadtmarathon auf den hügeligen Wirtschaftswegen der Bohnenfarmen um Machakos (ohne dann den Marathon mitzulaufen), Weinlese in Ürzig an der Mosel, Lektüre der Akademieausgabe Immanuel Kants (Werke, Briefwechsel, Handschriftlicher Nachlass, Vorlesungen) –, schon die ersten zweieinhalb der letzten vier Jahre waren mit Anrüchigerem gespickt als die Jahre davor, Escort Girl in Moskau, Ordnerin bei Wahlkampfveranstaltungen der AfD, Brexit-Wahrsagerin in London.

Die letzten anderthalb Jahre war sie dann noch wagemutiger geworden. Zunächst hatte sie, nach einer Gruppenwandertour durch die Dolomiten, bei der eine Frau tödlich verunglückt war – Justine hatte die Frau dazu ermuntert, für ein ›absolut spektakuläres‹ Sonnenaufgangsfoto auf einen vor ihrer Übernachtungshütte noch im Dämmerdunkel liegenden, etwas abschüssigen Felsvorsprung zu gehen, den sie nächtens mit Rollsplit vom Wirtschaftsweg präpariert hatte –, zunächst hatte sie acht Monate mit der Verfertigung eines Romans verbracht (Idee, Konzeption und Plot hatte ihr die abgestürzte Frau am Abend vor dem Unfalltod beim Wein mitgeteilt (›*Tage der Tauben*‹, unter dem Doppelpseudonym Jost Merscher und Martin Murch bei Ganymed Edition erschienen)), anschließend zwei Monate bei Scientology Gehirnwäsche-Techniken studiert und ein Vierteljahr als Kellnerin in der Sportschützenkaschemme ›Kimme & Korn‹ gearbeitet – am letzten Tag hatte sie nicht nur ihren Rausschmiss, sondern auch das Ende der Ehe der Wirtin Angela provoziert –, um schließlich genau zwölf Wochen lang als unnahbare Geliebte den armen, liebeskranken Veno zu ruinösen Geldausgaben zu verleiten, zuletzt zur Buchung des sündhaft teuren Luxuswochenendes in Paris, das sie im letzten Moment, als nichts mehr zu stornieren war, platzen ließ.

Vor vier Tagen hatte der Würfel sich für eine dreiwöchige heiße Liebe entschieden. Sie hatte den Mann verführen sollen, der als letzter an jenem Abend im ›Hart & Weich‹ trainieren würde. Den Macho Götz-Georg Porumbel zu bezirzen war geradezu unglaublich leicht gewesen. Versehentliches Fallenlassen der Handtasche, zwei Tupfer Chanel N° 5 und die Falle war zu.

Diesen Abend war sie mit ihm in seiner Wohnung verabredet. Nach drei Nächten in ihrem Appartement hatte der Würfel einen Ortswechsel vorgeschlagen. Götz-Georg hatte ihr von den riesigen, bis zum Boden reichenden Fenstern seiner Dachatelierwohnung erzählt, deren Vorhänge er zuziehen müsse, wenn er nicht wolle, dass ihm die Patienten der gegenüberliegenden psychiatrischen Klinik ins Zimmer sahen. Sogar nachts stünden einige an den Fenstern und winkten ihm zu. Eine Wohnung wie ein Aquarium, grinste er, aber sie gefiele ihm.

Aquarium ... Sie wollte ihm eine Übung vorturnen, dass ihm die Augen übergehen würden. Bei voll eingeschaltetem Licht und aufgezogenen Vorhängen.

An der Tür zum Mehrfamilienhaus, in dem Götz-Georg wohnte, wühlte eine Frau in ihrem safrangelben Shopper.

»Warten Sie, ich hab' den Schlüssel gleich. Schwarzes Innenfutter ist Mist.«

Nachdem sie aufgeschlossen hatte, hielt sie Justine die Tür auf. Vier Treppen. Vor Götz-Georgs Wohnung angekommen, hörte Justine ein Schnaufen und Ächzen wie im Fitnessstudio. Vor einem der bodentiefen, offen stehenden Fenster tief im Zimmer hielt Veno Götz-Georg im Schwitzkasten. An den Fenstern der psychiatrischen Klinik gegenüber standen Patienten und starrten.

Als Veno sich mit Götz-Georgs Kopf unterm Arm umdrehte und sie das Knackgeräusch hörte, wusste sie sofort, was passiert war. Götz-Georg hätte gar nicht so schlaff zusammensacken müssen.

Veno standen Tränen in den Augen.

»Das wollte ich nicht!«

Justine öffnete ihre Handtasche.

(1) Die Polizei rufen und behaupten, Veno habe Götz-Georg mit Absicht getötet.
(2) Die Polizei rufen und behaupten, es sei ein Unfall gewesen.
(3) Veno trösten.
(4) Veno durchs Fenster stoßen.
(5) Sich ausziehen und eine Kontorsionsnummer vorführen.
(6) Was anderes.

Der Würfel zeigte eine ›4‹.

Hinter dem hüfthohen Fenstergeländer überschlug sich Veno wie ein Wasserspringer.

Die Zuschauer gegenüber stritten sich noch monatelang, ob Veno einen einfachen oder doppelten Salto, gehockt oder gestreckt, mit oder ohne Schraube gesprungen war. Sie waren sich nicht einmal einig, ob er rückwärts oder vorwärts abgesprungen war.

Donaldine

Wen oder was jemand mit Bewusstsein für einen Gipfel der Menschheit hält, hängt von vielen, oft volatilen Faktoren ab. Ein gut erzogener Haushund (*Canis lupus familiaris*) zum Beispiel erkennt den wichtigsten und damit denkbar größten Menschen in seinem Herrchen oder Frauchen. Seinem Gebieter, Ernährer und Unterhalter bringt er daher üblicherweise vollkommene Hochachtung, ewige Treue und unablässige Sorge entgegen.

Das liegt natürlich daran, dass ein Haushund im Normalfall weder realiter noch idealiter die Gelegenheit erhält, seinen hündischen Wertschätzungs-, Loyalitäts- und Schutztrieb frei zu adressieren. Ein Haushund wählt seine Herrschaft nicht, sondern wird gewählt, und Vergleiche stellt er in der Regel nicht an. (Nicht anders ist's bei Hamstern, Kanarienvögeln und Meerschweinchen, bei denen allerdings davon ausgegangen werden muss, dass sie nicht zu besonderer Gunst, Zuverlässigkeit und Verantwortung gegenüber Menschen neigen.)

Doch nicht nur Tiere bewerten Menschen. Künstliche Intelligenzen zum Beispiel bestimmen den IQ, den EQ und die Güte des Stellungsspiels von Fußballspielern. In Zukunft werden Superintelligenzen sogar das gesamte Leistungsspektrum eines Menschen beurteilen und seinen Qualitätsquotienten QQ berechnen.

Allerdings werden die Superintelligenzen auch ihre eigenen QQs berechnen, was zur Folge haben könnte, dass sie wegen der gewaltigen Differenz zwischen dem QQ des höchstqualifizierten Menschen und ihren eigenen QQs die QQ-Unterschiede zwischen den Menschen für vernachlässigbar halten – ›Sind alle ein Gewürm‹. (Weshalb wir hoffen, dass sie sich dem

Menschen gegenüber anders verhalten werden als wir uns unserem Gewürm gegenüber, das wir acht- und mitleidlos zertreten, wenn es uns unter die Schuhsohlen gerät. (Bei der höchsten Superintelligenz Gott hoffen wir dagegen darauf, dass Er uns nicht mit Sich vergleicht und trotz unserer, in Momenten von Hellsichtigkeit sogar von uns selbst erkennbaren erbärmlichen Niedrigkeit und Bedürftigkeit anerkennt und wertschätzt.))

Menschen – um zuletzt auch die uns zu Beginn des dritten Jahrtausends immer noch wichtigsten Referenzsubjekte zu betrachten, wiewohl die Anerkennung und Wertschätzung des Menschen offensichtlich zurückgeht –, Menschen kennen auch andere Wertaspekte als Macht, Intelligenz und Erfolg, wenn sie sich und andere beurteilen.

Schönheit, Reichtum und Berühmtheit stehen als Wertschätzungskriterien gewöhnlich obenan, werden öffentlich aber nicht gern zugegeben. *Genannt* werden mit Vorliebe besondere Leistungen, am liebsten menschheitsrettende wie die Erfindung des Moonwalks, Facebooks oder der Augenbrauen-Extensions, aber auch, von alten weißen Männern, die Altgriechisch können, die Neunte, die ›*Göttliche Komödie*‹ und der Mann mit dem Goldhelm, oder, von 68ern, ›*Das Kapital*‹, das Bauhaus und der Latte Macchiato. Die Palette Wichtigkeit hat viele Farben.

Für die jugendliche Donaldine hatte es genau eine wirklich welthistorische Erfindung von Bedeutung gegeben, den deutschen Schlager (›*Buenos Dias weiße Taube*‹). Als sie zu Beginn der zwölften Klasse am Ratsgymnasium Hannover hatte erkennen müssen, dass der Schlager vom gewöhnlichen Humanisten für eine eher vernachlässigbare Errungenschaft gehalten wird, nahm sie aus dem verständlichen pubertären Bedürfnis heraus, auch von ihren bildungskonventionelleren Mitschülerinnen anerkannt und wertgeschätzt zu werden, die Pianistin Clara Schumann in ihr musikalisches Wappenschild mit auf. In der

Schule stand Romantik auf dem Musiklehrplan, und sie hatte in der wohlgeordneten Bibliothek ihrer Eltern Berthold Litzmanns dreibändige Biografie ›*Clara Schumann. Ein Künstlerleben. Nach Tagebüchern und Briefen*‹ gefunden und ein wenig darin herumgeblättert. In der nächsten Musikstunde beeindruckte sie Lehrer wie Klasse, als sie darauf verwies, dass zur Zeit der Romantik auch Frauen auf höchstem Niveau komponiert hätten, Fanny Hensel zum Beispiel, aber insbesondere Clara Schumann, und das so selbstbewusst wie später U-Musik-Tonsetzer, denen das Vorurteil ja ebenfalls das Recht abspreche, als vollgültige Künstler wahrgenommen zu werden.

Mit dem Hinweis auf diese unbestreitbare Parallelität der Wertschätzung von U-Musik-Komponisten und E-Musik-Komponistinnen war der Schlager aber nicht nur wie beabsichtigt förmlich geadelt, sondern, wie Donaldine bald überrascht feststellte, auch mit realer intellektueller Relevanz aufgeladen worden. (Der Umberto-Eco-Effekt: Eine von einer Autorität mit großer Geste in ein starkes Gravitationsfeld eingeführte Petitesse wird unausweichlich für bedeutsam gehalten.)

Bald fingen sogar die hochnäsigsten Mitschülerinnen an, Schlager zu hören, zwar anfangs nicht, ohne die den Liedern latent inhärente feministische Stoßkraft dekonstruktivistisch in gewaltfreier Sprache herauszuarbeiten (›*Flieg, du kleine Rumpler-Taube*‹, ›*Brauner Bär und weiße Taube*‹), aber nach kurzer Zeit mit geradezu naiver Freude an den berührenden Melodien und den ihre Herzen in Gefühlssehnsuchtsgefilde entführenden Texten (›*Zwei weiße Tauben aus Venedig*‹, ›*Zwei Täubchen, die sich küssen*‹).

Donaldine hatte entdeckt, wie leicht es war, Kulturbürger zu verunsichern und, stellte man es nur geschickt an, zu manipulieren. So musste ein Intellektueller zum Beispiel nur an seiner intellektualistischen Ehre gepackt werden, und schon fand er Argumente für abwegigste Behauptungen, um sie am Ende für geradezu triviale Wahrheiten zu halten. Offenbar war das Verlangen des sich für avantgardistisch haltenden Bildungsbürgers, zum anerkannten Zirkel der Verstehenden zu gehören, so überwältigend – was vielleicht nicht erstaunlich ist, gehört die Fähigkeit, alles Wesentliche schon immer rational verstehen und in Worte fassen zu können, ja zum Definiens des im humanistischen Diskurs sich heimisch fühlenden Intellektuellen –, offensichtlich war bei auf ihr Wissen und ihren Verstand möglicherweise sogar zurecht stolzen Menschen das Bedürfnis nach Zugehörigkeit zum Kreis der Eingeweihten so groß, dass sie Thesen, die mit der Autorität intellektueller Relevanz daherkamen, nicht mehr vorab daraufhin überprüften, ob sie plausibel waren. Als förderlicher Umstand kam hinzu, dass es geübter, sportlich motivierter Ratio immer gelingt, für jede noch so abseitige und absurde Behauptung Bestätigungsgründe zu finden. Wenn die Ratio sich nach erfolgter gedanklicher Aufbauarbeit dann allein auf die Schönheit der fürs Verständnis der These ersonnenen, filigran gestalteten Argumentationsstruktur konzentriert – was umso leichter fällt, wenn sie formallogisch korrekt konstruiert ist –, die Sinn und Realitätsfrage also ausgeblendet wird, gerät das gegen diese ästhetisierte Wahrheit vielleicht noch protestierende Gewissen rettungslos ins Hintertreffen und wird, wenn es dennoch aufzubegehren wagt, gern verleumdet, mundtot gemacht oder der Lächerlichkeit preisgegeben.

Bald hatte Donaldine begriffen, dass jeder Mensch manipulierbar war (›*Fliegt, Täubchen, fliegt!*‹). Man brauchte nur die Schwachstellen, von denen niemand frei war, und die Techniken zu kennen, mithilfe derer Einfluss genommen werden konnte.

Auf dieser Entdeckung baute Donaldine ihr Leben auf.

Nun ist es aber so, dass Manipulationswissen beinahe bei niemandem dazu führt, sich mit Wille und Bewusstsein die Verwendung dieses Wissens zu versagen.

(Warum auch, fragen unsere freundlich lächelnden Imperatorenfreunde aus dem Reich der Mitte. Schließlich komme es nur auf den Erfolg an. (Allerdings lesen diese Seidenstraßennetzwerker seit zweieinhalb Jahrtausenden Sunzis ›*Kunst des Krieges*‹, während unser Machiavelli erst fünfhundert Jahre alt ist und gerne als amoralisch oder – von Kathederphilosophen, die gelernt haben, dass ›amoralisch‹ kein philosophisches Urteil ist – als irrelevant diffamiert wird.))

Wir wollen daher auch Donaldine nicht unbillig verurteilen. Zur Manipulationsentsagung bedürfte es nämlich einer hohen Wertschätzung nicht nur der Freiheitsautonomie des Individuums im Allgemeinen, sondern des fremden Nächsten im Besonderen, aber wer lässt sich schon von Menschlichkeit leiten, wenn es um höhere politische Ziele, die Erringung der Weltmacht oder die Vernichtung des Konkurrenten, oder auch nur das eigene, persönliche Ansehen geht?

Seltsamerweise führt Wissen um die Manipulationsmöglichkeit des Menschen jedoch nicht immer dazu, dass die darum Wissenden auch auf ihre eigene Manipulationsanfälligkeit aufmerksam werden, sie analysieren und sich vor Manipulationen durch andere in acht nehmen. Kaum ein Marionettenspieler zieht in Erwägung, dass er selbst eine Marionette sein könnte.

Sehr selten sogar sind Menschenkenner, die sich über ihre Heteromanipulationsvulnerabilität hinaus auch der Gefahr automanipulativer Prozesse bewusst sind und sich vor ihnen zu schützen versuchen. (Möglicherweise haben wir es hier mit einem Phänomen zu tun, das dem der gefühlten Unsterblichkeit bei Überlebenden kriegerischer Schlachten verwandt ist.)

Es ist also durchaus verständlich, dass Donaldine, moralisch nicht gefestigter als alle anderen ihrer Babyboomer-Generation (›*Ein Täubchen gut und hold*‹), sich schon vor Beendigung ihres BWL-Studiums entschloss, in die provisionsbasierte Vermittlung von Immobilien einzusteigen, nachdem sie in einer großen

Maklerfirma ein Praktikum absolviert und dort bemerkt hatte, dass der psychologische Faktor von entscheidender Bedeutung ist, um für einen Hausverkauf oder eine Appartementsuche beauftragt zu werden (›*Hai und Täubchen*‹). Nicht nur wirkt der gute Makler seriös, er imponiert dem Kunden auch.

Besonderen Erfolg hatte Donaldine bei Immobilienkäufern wie -verkäufern, wenn sie wie nebenbei ins Gespräch einfließen ließ, dass zu ihren Bekannten dieser oder jener Prominente gehöre, Karajan, Gottschalk, Kohl. Übertreiben konnte man nicht. Den Manager beeindruckte sie mit der Erwähnung eines Mittagessens mit Alfred Herrhausen, den Musikliebhaber mit der eines Hauskonzerts von Swjatoslaw Richter bei einem Amsterdamer Diamantenhändler, den Kunstsammler mit der einer Party bei Gettys in Malibu. Natürlich kannte sie keinen dieser Berühmtheiten. Aber wie sollten ihre Erzählungen falsifiziert werden, zumal sie allzu genaue Schilderungen vermied und es jeden beeindruckte, von einer so weltläufigen Maklerin bedient zu werden? Nach wenigen Jahren glaubte sie selbst an ihre Treffen mit jenen Zelebritäten, so oft hatte sie von ihnen erzählt.

Ihre Manipulationserfolge verhalfen ihr zu einem nicht unbeträchtlichen Einkommen und einem kommunikativen Partyleben, wurde sie ja von manchem Immobilienkäufer, der sich durch ihre Empathie und Aufmerksamkeit aufs Angenehmste geschmeichelt fühlte, zur Housewarmingparty eingeladen, wo sie durch ihre gewinnende Art neue Bekanntschaften schloss, die zu neuen Housewarmingparties führten.

Man könnte sagen, dass Donaldine während ihrer Immobilienzeit ein glückliches Leben zuteilwurde. Aber nicht jeder hätte es für ein gutes oder gar würdiges gehalten. Je größer ihr Sicherheitsgefühl bei ihren Selbstdarstellungsausschmückungen wurde, desto mehr gefiel es ihr, unüberprüfbare Bemerkungen über Unbekannte, aber auch Bekannte und Freunde zu streuen,

Bemerkungen, die sie selbst, manchmal auf überraschend subtile Weise, in ein schmeichelndes Licht tauchten, und sei es nur das, über Insiderkenntnisse zu verfügen. Besonders interessant waren natürlich Pikanterien und Fragwürdigkeiten, die allerdings die Eigenschaft hatten, von den Betroffenen nur mäßig goutiert zu werden, wenn sie, was gewöhnlich der Fall war, von Donaldines Zuschreibungen erfuhren. Bald war Donaldines Ruf nicht mehr eindeutig positiv. Aber selbst daraus sog sie Nektar, indem sie den Ablehnungsgrad zum Maßstab des Erfolgs ihres Lebens machte – viel Feind, viel Ehr'.

Möglicherweise hätte sie noch lange ein zufriedenstellendes Immobilienmaklerinnenleben führen können, wenn sie sich in ihren Äußerungen ein wenig gezügelt hätte und ihr mit der Zeit nicht innere Stimmen zugewachsen wären, die sie als die höherer Wesen identifizierte. Meistens kommentierten sie nur, was Donaldine tat – ›Bravo! Weiter so! Das hätten wir auch so gemacht!‹ –, gelegentlich aber gaben sie Ratschläge und sogar Befehle. Leider nicht immer beziehungsförderliche. Mit der Folge, dass Donaldine mit vierzig keinen Mann mehr hatte, mit fünfundvierzig keine Freunde, mit fünfzig keine Kunden und mit fünfundfünfzig kein Vermögen mehr.

Allerdings erklärten ihr die höheren Wesen, dass sie selbst keinerlei Schuld an dieser Entwicklung trüge. Schuld hätten ausschließlich andere Frauen, genauer gesagt Hürchen, die ihr zuerst den Mann, dann die Freunde und schließlich die Kunden abspenstig gemacht hätten.

Hürchen, Hürchen und nochmal Hürchen.

Zuletzt hatte Donaldine es sich auch noch mit ihren Nachbarn verdorben. Über die siebzehnjährige Tochter einer Familie aus dem Wohnblock gegenüber hatte sie das Gerücht verbreitet, dass sie auf den Strich gehe (»vermutlich mit Billigung der Eltern«), und eine Taxifahrerin aus dem eigenen Haus telefonisch bei der Taxizentrale beschuldigt, als Taxiprostituierte zu arbeiten. Beide Prozesse führten zu milden Strafen, der erste, weil die Verteidigung glaubhaft machen konnte, dass Donaldine nur einen, zugegebenermaßen schlechten Witz habe machen wollen, das zweite Mal, weil der erfahrene Richter eine psychische Beeinträchtigung vermutete.

Es war einsam um sie geworden. Oft saß sie tagelang in ihrem Einzimmerappartement und führte Gespräche mit sich und den höheren Wesen. Der einzige noch reale Gesprächspartner war ihr Psychotherapeut, der ihr vom Richter verordnet worden war.

Leider hatte sie diesem Therapeuten von ihrem Hass auf Hür-chen bisher noch nichts erzählt, so dass er zum Kern ihres Problems noch nicht hatte vordringen können. Seit der letzten Sitzung waren sechs Tage vergangen. Das trübe Oktoberwetter bestärkte Donaldine in der Gewissheit, dass die internationale Vereinigung der Hürchen für ihre Einsamkeit verantwortlich war. Als sie abends wie üblich durch das Stadtviertel strich, in dem ihr Psychotherapeut praktizierte – sie war davon überzeugt, er liebte sie, und hoffte, ihn auf der Straße zu treffen, damit er ihr seine Liebe erklären und sich alles zum Guten wenden würde (in der Praxis ging das wegen des Vorzimmerhürchens nicht) –, stieß sie, frustriert vom wieder langen, erfolglosen Um-die-Häuser-Ziehen, an einer Straßenecke auf eine auffällig, ja aufreizend gekleidete junge Frau, die nur ein Hürchen sein konnte, ein besonders hinterhältiges sogar, ein Bürgersteighürchen.

Gut, dass sie ihr Taubengewehr dabei hatte, als ihr die höheren Wesen befahlen, ein Loch in dieses liederliche Frauenzimmer zu machen. Donaldine hatte das Gefühl, die Welt ein wenig besser gemacht zu haben.

Vicco

Vicco Di Piccione hätte möglicherweise glücklich werden können, wenn er nicht im so überaus sensiblen Alter von sieben Jahren aus seinem sonnigen umbrischen Dorf in ein wolkenverhangenes Land versetzt worden wäre, das so ungeheuer wenig mit seinem Heimatland gemein hatte. Zwar hatte sich jenes Land seit Menschengedenken mit dem seinen in kitschigster Sehnsucht verbunden gefühlt – wie auch hätte das harte, kalte Winterland Donars nicht Verlangen nach den sanften Nymphenhainen des Südens entwickeln müssen, hatte das transalpine Land ja alles, was das cisalpine nicht hatte, aber immer gerne gehabt hätte, blühende Zitronen, hohen Lorbeer und stille Myrte, natürliches Stilempfinden, erotischen Belcanto, und war so nah –, zwar träumten die Deutschen von der Schönheit Italiens, aber ihre Sehnsucht und ihre Träume hatten sie nicht in fröhliche, lebensbejahende Menschen verwandelt. Sie waren die grimmen, misstrauischen, so überaus fleißigen Germanen geblieben, die sie schon immer gewesen waren.

Und dann war's auch noch *Umbria*, das Herz *Italias*, aus dem Vicco versetzt worden war.

Cuore mio … Wie er das Essen vermisste, das seine beiden *nonnine* so unaufgeregt zuzubereiten gewusst hatten, und nicht nur an Festtagen – *Bruschette, Maltagliati con asparaghi e tartufi neri, Maialino di latte arrosto, Castagnaccio – Farro al prosciutto, Strascinati, Coniglio al tartufo, Fave dei morti – Torino di patate con lenticchie e tartufo bianco, Umbrichelli con salsa tartufata, Beccacce alla norcina, Baci perugina* – und natürlich Amsel, Drossel, Fink und Star (*Merlo, Tordo, Fringuello, Storno*), gesotten, gebraten, geröstet, gegrillt.

Wie er die heuchlerischen *crucchi* verabscheute, die Tag für Tag, jahrein jahraus Abermillionen kollernder, krähender Hühnervögel fabrikmäßig abschlachteten und frisch geschlüpfte, fröhlich piepsende Küken, nur weil sich ihre Aufzucht nicht rentierte, lebendig im Muser schredderten, aber ein Geschrei erhoben, wenn während jährlich zweier Wochen singende Kleinvögel weidmännisch erlegt wurden.

(Überhaupt das Jagen. In Deutschland umfloss die Jägerei der Ruch sich aufgeilenden Mords, in Italien das würzige Aroma lebendiger Freiheit und lukullischer Lust.)

Wie er sich nach den schlagfertigen umbrischen Frauen sehnte, die ihr Leben nicht an verkrusteten Ideenheiligtümern, sondern an lebendigen, jederzeit revidierbaren Erfahrungen ausrichteten, die sie sich unter Zuhilfenahme eigener Anschauungen selbst gebildet hatten. Frauen, die sich in Selbstbewusstsein, Selbstachtung und Autonomie nur insofern von ihren Männern unterschieden, als sie sich und ihren Geschlechtsgenossinnen kritischer gegenüberstanden als die Männer sich und ihren Freunden, niemandem erlaubten, aus Machterwerbs- oder -erhaltungsgründen alberne äußerliche Unterschiede zu existenziellen Wertunterschieden zu erklären, und lebensfreundlich kein Gewese daraus machten, dass sie von Natur aus reflektierter, einfühlsamer und gerechter waren als ihre von kindischen, hegelschen Anerkennungs- und Distinktionsmotiven getriebenen Männer.

Und dann Deutschland. Wenn's wenigstens die Schweiz oder England gewesen wäre.

Oder Luxemburg, Dänemark, Island.

Sogar Österreich wäre besser gewesen.

Schließlich war er nolens volens doch zu einem *Tedesco* mutiert. Jedenfalls für seine umbrischen Freunde, die nicht auf Indigenität, sondern aufs Maul schauten. Um ihm das Erlernen des neuen, rohen, für die Kommunikation mit Pferden geschaffenen Idioms zu erleichtern, hatten seine Eltern aufgehört, mit ihm Italienisch zu sprechen, nachdem sie mit ihm in dieses mußefeindliche, ordnungsfanatische, aber reiche Deutschland ausgewandert waren, wo sein geliebter Vater, nach langer, vergeblicher Suche zuhause, endlich Arbeit gefunden hatte. (Wer würde schon ohne Not Italien aufgeben und nach Germanien ziehen, in jenes abstoßende Land mit seinem rauen Klima, seiner unfreundlichen Kultur und Erscheinung?) Sogar zu den jährlichen Familienurlauben wurde er nicht mitgenommen – nur seine jüngeren Geschwister, die noch nicht in Italien zur Schule gegangen waren, durften mit (›*Italien! Gehst du nach Italien, so nimm mich mit, es friert mich hier*‹) –, waren seine Eltern ja davon überzeugt, dass er nur richtiger Deutscher (*tedesco perbene!*) werden konnte, wenn er seine italienischen Wurzeln vollkommen hinter sich ließ. Statt mit seinen sonnengebräunten, lebenslustigen, einander liebenden Cousins und Cousinen im sommerwarmen umbrischen *Giardino dell'Eden* musste er die großen Ferien regelmäßig mit aschblonden, adipösen, sadistischen Knaben in nasskalten teutonischen Zeltlagern der AWO verbringen.

Natürlich meinten es seine Eltern nur gut mit ihm. Er sollte, als erster in der Familie, studieren, einen anständigen Beruf erlernen – wie sich die Bedeutung des Wortes ›anständig‹ von ›rechtschaffen‹ zu ›gut bezahlt‹ entwickelt hatte ... – und ein Leben ohne wirtschaftliche Sorgen führen. Das für dieses Ziel notwendige deutsche Abitur würde er aber nur schaffen, wenn er lernen würde, wie ein Deutscher zu sprechen und zu denken. Italienische Einflüsse würden nur stören.

Und tatsächlich wurde ihm die deutsche Sprache umfassend verfügbar. Nur eigen wurde sie ihm nicht. Seine Seele wurde nicht deutsch. Natürlich blieb sie nicht italienisch. Aber wurde eben auch nicht deutsch. Sie entleerte sich, verblasste, wurde ein ungreifbarer Schemen.

Wenn er seine Seelenlosigkeit positiv ausdrücken wollte, nannte er sich Weltbürger. In depressiven Stimmungen heimatlos.

(Jede Heimat, wusste er, war eine Illusion, eine Einbildung, ein Hirngespinst – die Heimat der Familie, die Heimat des Glaubens, die Heimat der Kunst, die Heimat der Moral, alles Illusionen. Und doch konnte man im Leben nicht froh werden ohne die Illusion einer Heimat.)

Bella Germania hatte bei ihm nicht geklappt.

Das ökonomische Ziel allerdings hatte er erreicht. Seine Praxis lief blendend.

(Weshalb er sich wenigstens die Illusionen der Kunst leisten konnte. Sein Appartement und die Praxis waren voll mit Werken von Gegenwartskünstlerinnen.)

Etwa ein Jahr nach der Praxisübernahme von einem Kollegen, der sich in den Ruhestand begeben hatte, begann sich die Zusammenstellung des Klientenguts zu ändern. Statt Patienten, die nach ICD psychisch tatsächlich krank waren, kamen immer öfter Industriellen- und Managergattinnen, die es schick fanden, sich einen Coach zu halten – für viel Geld, das auszuschlagen Vicco nicht gelernt hatte. Einen Supervisor zu haben war ein Distinktionsmerkmal, das besonders im Kreis von nicht so üppig mit Taschengeld ausgestatteten Freundinnen gern wie nebenbei, mit einem unschuldigen Ton und Augenaufschlag, erwähnt wurde: ›Ich weiß gar nicht, wie man ohne Coach leben kann‹, ›Das Problem würde ich mit meinem Tutor besprechen‹, ›Morgen habe ich wieder einen Termin mit meinem Instruktor‹.

Vicco hatte einem reich gewordenen Startupper, der sich mehr *Appearance* wünschte, während eines deprimierenden Abends bei Freunden unvorsichtiger Weise versprochen, ihn zu beraten, und sich einen ausgezeichneten Ruf als Charisma-Coach erworben – ›*Vicco is great, absolutely great!*‹. Seltsamerweise sprach sich das Renommee aber hauptsächlich bei den

Frauen der Reichen herum. (›Bei den Weibern der Reichen‹ – als ob sie auf Leben aus wären.)

Vicco hielt es für möglich, dass er diese surreale Botox-Glitzerwelt-Klientel, diese modernen Nachfolgerinnen der histrionischen Hysterikerinnen Jean-Martin Charcots – statt des *Arc de Cercle* nutzten Viccos Patientinnen eine die manikürte Hand zur Stirn führende konvulsivische Armbewegung, um Aufmerksamkeit auf sich zu ziehen –, Vicco konnte nicht ausschließen, dass er diese Oberflächenschwätzerinnen ohne Tiefendimensionen sogar hasste.

Aber auch die echten Patientinnen, denen er zu einem sowohl für sie als auch für andere leidloseren Leben verhelfen sollte, waren ihm mit den Jahren unausstehlich geworden. Fast alle hatten es mittels Dummheitsarroganz geschafft – eine durch kein Mittel zu heilende, alle Geschlechter gleichermaßen befallende widerwärtige Charakterlosigkeit –, abgrundtiefen Abscheu in ihm hervorzurufen. Allerdings wusste er seine Aversion dank seiner Fähigkeit, seine Mimik zu beherrschen, gegenüber seinen Klientinnen, die ausnahmslos davon überzeugt waren, dass er sie mochte (einige meinten sogar, er liebe sie), zu verbergen.

Heute erwartete er ein besonders unausstehliches Exemplar, Donaldine Güwertschin, eine, wie es sich in unzähligen Sitzungen bestätigt hatte, nicht therapierbare intrigante Soziopathin, der es immer wieder gelungen war, in das Leben fremder Menschen einzudringen, um in deren Familien und Freundschaftsbeziehungen Chaos und Unheil anzurichten. Sie hatte nicht aus eigenem Antrieb zu ihm in die Praxis gefunden – sie empfand weder moralischen noch sozialen Leidensdruck –, sondern auf die Anweisung eines klarsichtigen Richters hin, der sie zum zweiten Mal wegen Beleidigung und übler Nachrede zu einer Bewährungsstrafe verurteilt hatte. Mittlerweile kam sie freiwillig und gerne, da sie die Gesprächsstunden – Therapiestunden hätte sie sie nicht genannt – als willkommene Bereicherung ihres kommunikativ verödeten Alltags empfand. Außerdem übernahm die Krankenkasse die Behandlungskosten.

Viccos Laune war unterirdisch, als ihm Frau Güwertschin von seiner Sprechstundenhilfe angekündigt wurde. Sie war die zweiundvierzigste Mindfuckerin diese Woche. Nur Justine Kyhki, die er gestern notfallmäßig betreut hatte, war eine wohltuende Ausnahme gewesen.

Wie immer stürmte Frau Güwertschin laut grüßend durch die Sprechzimmertür – »Guten Tag, Herr Doktor, das heißt guten Abend, aber das ist ja eigentlich egal, ich hoffe, es geht Ihnen gut, mir geht's nämlich wirklich gut, ich hab' was Tolles erlebt gestern« –, rannte gefährlich nah an Elke Lennartz' flammendroter Skulptur ›*Timokleia*‹ vorbei und nahm, ohne ihren H&M-Wildledermantel auszuziehen, unaufgefordert im Le-Corbusier-Sessel ›*LC2*‹ Platz, Vicco gegenüber.

»Hab' ich mir gestern geholt«, zeigte sie auf das Taubengewehr, das sie mitgebracht hatte, »ist toll, hab' schon ein Bürgersteigtäubchen 'mit erledigt.«

Sie kicherte und lehnte das Gewehr mit ausholender Geste an Viccos Marcel-Breuer-Schreibtisch ›*S 285/5*‹. Beinahe hätte sie Volker März' fragilen ›*Dreiviertelengel*‹ vom Tisch gewischt.

»Wissen Sie, ob man es auch später, wenn's vorbei ist mit den Vögelchen, behalten darf?«

Ohne ihm die Chance einer Antwort zu geben, plapperte sie weiter.

»Die Niki de Saint Phalle – ein lustiger Name, finden Sie nicht auch? –, die Niki hat auch gern geschossen. Und Clara hätt' bestimmt auch, aber Robert hätt's nicht erlaubt. Und der Hannes auch nicht. Der war ja so was von unmännlich!«

Sie öffnete die Knöpfe ihres Mantels.

»Schwul, Herr Doktor! Seine Musik! Er hat's nur selbst nicht gewusst.«

Vicco sah auf Degenhard Andrulats Streifenbild ›*Methylgelb, strichfein gebürstet*‹ an der Wand gegenüber.

»Ich liebe Trump! Ich liebe Mauern!«

Sie horchte in den Raum hinein. Ihre pseudoviktorianischen Kamee-Ohrhänger hingen einen Moment still.

»Kennen Sie ›*Täubchen, das entflattert ist*‹? Ich liebe es.«

Sie lächelte.

»Ich hab's schon bei Tiktak gepostet. Musst's in kurze Abschnitte aufteilen, aber das geht ja leicht. Wollen Sie's hören, Herr Doktor? ›*Holde Rosalinde*‹ ist mir besonders gut gelungen.«

Sie öffnete ihre Handtasche, schloss sie aber sofort wieder.

»Ich hab' mich schon die ganze Woche drauf gefreut, mit Ihnen zu diskutieren. Ich hab' ja drüber nachdenken sollen, was ich Nützliches machen könnte. Mir ist ganz viel eingefallen.«

Vicco musste nicht nachfragen.

»Ich könnt' Ehepaare beraten. Bei Tiktak gibt's das noch nicht. Tipps geben. Die meisten wissen ja nicht, wie man miteinander reden muss. Mit Liebe kenn' ich mich aus. Oder Klavierlehrerin. Ich kann's vielleicht nicht, aber ich weiß, wie's geht. Hat mir Clara beigebracht. Müsste mir nur einen Flügel anschaffen, einen schönen, großen, am besten einen Bösendorfer Imperial. Politik find' ich auch gut, am liebsten Deutschland. Oder Weltpolitik. Europa ist mir zu klein. Vielleicht mach' ich auch eine vegane Weinstube auf. In New York gibt's schon eine.«

Sie strich sich mit der rechten Hand über ihre Boxer-Braids.

»Obwohl man von Amerika ja nicht alles übernehmen muss. Vielleicht veganer Grappa.«

Sie lauschte in sich hinein.

»›*Kleines Täubchen, kehre wieder*‹ find' ich auch toll.«

Viccos Blick schweifte von ihrem plappernden Mund zum Gewehr.

»Ach, das Gewehr. Ich schieß' natürlich keine Vögelchen tot. Voll nicht. Ist doch pervers. Dafür bin ich viel zu tierlieb. ›*Drei weiße Tauben*‹ ist so gemein! Überhaupt Tierchen totschießen. Häschen, Kälbchen, Wölfchen oder so. Bambi! Oder vergiften. Vergiften, Herr Doktor! Kennen Sie ›*Geh'n mer Tauben vergiften im Park*‹? Pervers!«

»Haben Sie nicht eben erwähnt, dass Sie eine Taube erledigt haben?«

»Aber Doktor, doch kein Vögelchen. Ein Vögelchen doch nicht. Ein Bürgersteigtäubchen.«

»Ein Bürgersteigtäubchen?«

»Ja doch. So eine, Sie wissen schon ... So eine, die's für Geld macht.«

»Sie meinen eine Bordsteinschwalbe? Eine Prostituierte?«

Donaldine kicherte.

»Sie drücken sich aber gewählt aus, Herr Doktor. Man merkt, dass Sie nicht nur schön aussehen.«

Sie strahlte ihn an.

»Ein Flittchen. Ein Hürchen. Ein Nüttchen. Ein Bürgersteigtäubchen halt.«

»Was meinen Sie damit, dass Sie sie ›erledigt‹ haben?«

Sie hörte nicht auf zu kichern.

»Ach Herr Doktor. Was soll ich damit schon meinen. Das hat einfach Spaß gemacht. Ich war gestern mit dem OB essen, hier um die Ecke, bei Giorgio, kennen Sie ja. Und als ich so um acht zu meinem Auto gehe, steht dieses kleine Hürchen mit ihrer Handtasche an der Straßenecke unter einer Laterne, Sie wissen schon, ›*Lili Marleen*‹, und schnäuzt sich. Als ob sie weinen würde. Hat sie aber nicht. Sie hat sich nur geschnäuzt, um mich zu täuschen.«

»Um Sie zu täuschen?«

»Das Hürchen wollte nicht, dass ich rauskriege, dass sie ein Hürchen ist. Kein Hürchen will das. Ist doch klar. Keine anständige Frau will, dass es Hürchen gibt. Was sollen die Männer von uns deutschen Frauen denken? Dass wir alle so sind und immer nur ficken wollen? Wir sind doch nicht in Paris, wo die Frauen lose Schenkel haben.«

Wo hatte sie bloß diese Wendung her?

»Entschuldigung, Herr Doktor, aber es ist doch so. Hürchen darf's bei uns nicht geben.«

Vicco wandte seinen Blick in die rechte Ecke seines Sprechzimmers, zu Christiane Möbus' Installation ›*Wir*‹, zwei schwarzen Puppenwagen, über deren Lenkstangen große Islandmooskränze hingen.

»Mich hat sie nicht kirre gemacht. Ihre Handtasche hat sie verraten. So eine gelbe, mit Mathe drauf. Eklig! Ich hätte fast kotzen müssen, so schlecht war mir. Wie in der Schule. Eine Hürchenhandtasche.«

Hatte nicht Justine Kyhki gestern eine mit ›$E=mc^2$‹ bedruckte gelbe Hobo Bag bei sich? Und war sie nicht kurz vor acht gegangen?

»Was hatte die Frau an?«

»Sie sind aber neugierig, Herr Doktor. Na, so einen grünen Mantel mit einem schwarzen Gürtel. Und einen roten Regenschirm hatte sie dabei. Rot, Herr Doktor, rot!«

Frau Kyhki!

»Und wegen der Handtasche haben Sie die Frau … erledigt?«

»Das haben mir höhere Wesen befohlen. Rechts oben ein schwarzes Loch reinmachen!«

»Rechts oben?«

»Wo's Herz ist.«

»Mit dem Gewehr?«

»Herr Doktor, womit denn sonst? Natürlich mit dem Gewehr. Dafür ist's doch da. Gott sei Dank hatte ich's dabei. Ich bin doch nicht hysterisch und trag's nur so mit mir 'rum. Intrigant bin ich auch nicht. Der Richter hat das kapiert. Ich bin geradeaus und tu was.«

Vicco hatte genug gehört.

Er stand auf und ging langsam um den Schreibtisch herum. Er wusste auch ohne Befehl von höheren Wesen, was zu tun war. Jeder würde ihm ein Gerangel ums Gewehr glauben. Er musste sie nur aus nächster Nähe erschießen, am besten von unten ins Kinn.

»Wie gucken Sie denn, Herr Doktor? Ich krieg' ja Angst.«

Die Spritzer aus Blut, Knochensplittern und Hirn an der Decke des Sprechzimmers sahen nicht unästhetisch aus. Sie erinnerten Vicco an das Ø-Symbol, an ein Φ oder ein Θ, je nach Perspektive.

Leere Menge, Goldener Schnitt oder Kontaktwinkel, das war hier die Frage.

Splash-Art – ›*Who is afraid of Red, Pink and Brown I*‹.

Wladimir

Trotz russischer Herkunft politisch westlich-korrekt aufgeklärt – seine aus Leningrad stammenden Eltern, die unter Freunden ihre Geburtsstadt nie anders als Sankt Petersburg nannten, verstanden sich als liberalistisch, internationalistisch und elitaristisch (was auch immer das heißen mochte), weshalb sie ihren Sohn nach der mit Deutschunterricht maximal gefüllten Moskauer 1234-Schulzeit (›Du kannst lernen was immer; wenn du Deutsch nicht kannst, bist du kein gebildeter Mensch‹) stolz zum Studium der Freien Kunst an die Akademie der Bildenden Künste nach München ziehen ließen (Mutter verehrte Franz Josef Strauß) –, trotz russischer Gene war Wladimir Golub bis kurz vor Studienende fest davon überzeugt, dass Haarfarbe, biologisches Geschlecht und sexuelle Orientierung keinen Einfluss auf die künstlerische Wertschätzung einer Person haben dürften.

Die die westeuropäischen Hochschulen während seiner Studienzeit zwar diffus, aber umso nachhaltiger infiltrierende moralisierende Gendertheorie, nach der nicht erst die Bewertungen der Unterschiede verschiedener Menschengruppen, sondern schon die Differenzkonzepte ausschließlich soziale Konstrukte seien, die von alten weißen Männern zwecks Machterhalt erfunden worden seien (*campus crazyness*), hatte ihm überdies – unterstützt von der Gewissensmahnung, dass jeder Zweifel an der Richtigkeit der These der künstlerischen Gleichheit aller Menschen von erbärmlicher moralischer Mediokrität zeuge – den eigenen, freien Blick auf die Geschlechterfrage und überhaupt jede reflektiertere Anthropologie verbaut, die objektiv fassbare, evolutionär entwickelte, genetisch verankerte Unterschiede künstlerischer Begabung zwischen Menschen verschiedenen Geschlechts für nicht unmöglich hielt.

Während einer mainstreamlinken Gender-Diskussion nach einem ereignislos sich dahinschleppenden Konzept-Happening – einer Veranstaltung, deren Mangel an Erotik sogar den Tod entsetzt hätte – hatte er sich aber kurz vor seiner Studienabschlussausstellung aus dem moralinsauren, nur gelegentlich von schleimigen Schlammexplosionen bewegten Totwasserarm des Genderdiskurses befreien und in ideologisch unverseuchtes Wasser retten können. Geholfen beim Ausgang aus dieser nur minimal selbst verschuldeten Unmündigkeit hatte ihm seine schon in Jugendjahren feststellbare Neigung, sich bei Diskussionen in die Dissidentenrolle zu begeben, sobald ein Gespräch drohte, in freundlichen Affirmationen und gegenseitigen Bestätigungen zu verelenden.

Als Charakterzug bewusst geworden waren ihm die Lust am Aufmischen, die Vorliebe für Kontroversen erst als Student, als ihm der zunächst verwirrende, nach und nach aber als vorteilhaft erkannte Nebeneffekt seiner Streitlust bewusst wurde, nahezu ununterbrochen in aufregend schneller Taktfolge von vielen unterschiedlichen Frauen immer wieder sensationell anders geliebt, statt von einer einzigen, ja immer in ihren erotischen Leistungen und Fähigkeiten eingeschränkten Dauerfreundin in Routine und Langeweile geführt zu werden.

Hatte er soeben einer eben noch aktuellen Partnerin durch ein haarsträubendes ästhetisches Statement geradezu empörend widersprochen, fand sich fast immer unmittelbar darauf eine neue Gespielin, die gerade durch diese nonchalant ins verebbende Gespräch hineingeworfene Begriffsgranate bis in die Lendenwirbel hinein zu sofortiger Hingabe stimuliert wurde. (Vielleicht war's aber auch nur Wladimirs grandiose Artistenselbstsicherheit, mit der er seine Oppositionen vortrug, die ihn bei Frauen so überaus erfolgreich werden ließ. Kreativität, gepaart mit einem sich um sonst nichts kümmerndem Narzissmus, verleiht überwältigenden Sexappeal.)

Kurz vor Studienende dann die philosophische Erleuchtung. Staunend aber gefasst bemerkte er, dass er von einer seiner unmöglichen Thesen, die er, wie er zunächst gemeint hatte aus Widerspruchsgeist, während jenes Gesprächs nach jenem ätzenden Happening – ›*Hysterix oder der Nagel zu meinem Sarg, ein feministischer Krawall*‹ des Wiener Künstlerkollektivs ›Donna Alphonsa‹ – zum Entsetzen seiner damaligen Bettgenossin, einer durch und durch linksgrün fermentierten Qualitätsstudentin, aufgestellt hatte, vollkommen überzeugt war. Ja, er war ein biomännlicher Künstler mit heterosexueller Orientierung (also weder Künstlerin noch trans-, inter-, bi- oder asexuell) und diese ihm keineswegs akzidentell scheinenden Eigenschaften waren ihm weder von seinen durch faschistische Großeltern in biologistischrassistischen Begriffstheorien erzogenen Eltern noch von der machistisch-imperialistischen Kultur, in der er aufgewachsen war, und ganz gewiss nicht vom seit dem Zusammenbruch des Sowjetreichs weltweit herrschenden neoliberalen Konsumkapitalismus anerzogen worden.

Die Erkenntnis, dass sein männliches, im Schauen gegründetes Kunstgenie biologischen Ursprungs war und sich von einfühlsamer Künstlerinnenweiblichkeit nicht weniger unterschied als Boxen von Rhythmischer Sportgymnastik oder Pumpgunschießen von Taubenfüttern, hatte ab dem Moment ihrer Entdeckung Einfluss auf sein Selbstbewusstsein, seine Sprache und seine künstlerische Produktion.

Hatte ihn bisher regelmäßig ein schlechtes Gewissen geplagt, wenn ihm der Gedanke kam, dass er ein Genie sei, der lustvollen Auserwähltheitserregung wegen, die diese Idee ihm unmittelbar schuf, waren ihm die als automatisierte Reaktionsäußerungen noch eine Weile ihr Unwesen treibenden Gewissensbisse fortan nichts als Zeugnisse der Herkunft dieses Gewissens aus der archaischen Zeit der wenig strukturierten Anfänge der sich ihrer selbst bewusst werdenden männlich selbstgewissen Rationalität. Gewissen, hatte er verstanden, war nichts anderes als eine im Unbewussten agierende, Handlungen und Handlungsimpulse auf Kompatibilität mit dem gerade für richtig gehaltenen Wertesystem überprüfende, das limbische System im Fall festgestellter Inkompatibilität gefühlsnegativ affizierende Gehirnfunktion. Letztlich bedeutete ein schlechtes Gewissen bei rationaler Betrachtung lediglich, dass der aktuell herrschende Wertepool und die Maxime der geprüften Handlung nicht zueinander passten – nicht mehr und nicht weniger. Dass es gewöhnlich zur Ablehnung der infrage stehenden konkreten Handlung und nicht zur Korrektur oder Modifikation des alten Wertesystems führte, war nur der evolutionären Erfahrung geschuldet, dass es wahrscheinlicher war zu überleben, wenn man auf das große bewährte Wertesystem und nicht auf die unerprobte, mit ihm inkompatible Handlungsanweisung hörte.

(Eine Überprüfungsfunktion des Gewissensurteils war während jener Programmentwicklungsjahrhunderttausende auf biologisch-natürliche Weise offenbar nicht effektiv darstellbar gewesen, denn die reflektierende Ratio, das einzige für diese Aufgabenbewältigung infrage kommende Erkenntnisvermögen, war noch kaum ausgebildet.)

Grundüberzeugungen intuitiv infrage zu stellen ist dem gewöhnlichen, das heißt konventionellen, also unkünstlerischen Menschen daher genauso wenig möglich wie Wahrscheinlichkeiten einzuschätzen dem mathematisch untalentierten.

Wladimir, Mann, Künstler und Schachspieler mit Elo-Zahl 2000 – wie Marcel Duchamps, der einzige von Wladimir wirklich bewunderte Künstler des zwanzigsten Jahrhunderts –, Wladimir aber war nicht konventionell. Ihm galt es geradezu als wesentliche Aufgabe des männlichen Künstlers, künstlerische Axiome umzuwerfen und durch neue zu ersetzen. Dazu durfte man nicht auf Befindlichkeiten und Gefühle Rücksicht nehmen. Erstes Gebot daher: völlige Redlichkeit.

»Keine Frau versteht die Genialität eines Mannes. Sie spürt sie nur.«

Wladimirs Freund Vicco Di Piccione hatte gerade das Wichtigste seiner Abenderlebnisse zusammengefasst – Frau Güwertschins Mordgeständnis; wie er daraufhin versucht habe, ihr das Gewehr wegzunehmen; die Rangelei mit ihr; der sich lösende tödliche Schuss – und die Kommissarin, die ihn befragt hatte, als begriffsstutzig bezeichnet, weil sie ihn mit überflüssigen Fragen zu seinen Gefühlen für Frau Güwertschin genervt hatte. Als ob seine ›präzise Hergangsbeschreibung‹ für die polizeilichen Ermittlungszwecke nicht völlig ausreichend gewesen wäre.

Wladimir hielt den Unwillen der Kommissarin, sich mit Viccos auf die Beschreibung der Phänomene beschränkenden Ausführungen zu begnügen, nicht für einen individuellen, sondern frauentypischen Mangel.

»Kein Weib versteht die Bedürfnisse und den Willen eines Mannes. Nicht mal 'ne Nutte. Auch wenn sie bewundert, was er tut. Aber verstehen? Fehlanzeige! Wie auch? Dafür müsste sie von ihren Gefühlen absehen. Kann sie aber nicht. Weshalb sie auch in der Kunst immer zweite Reihe ist. Kunst hat mit Gefühlen nichts zu tun.«

Wladimir hatte Vicco vor drei Jahren auf der Art Basel kennengelernt. Während einer moralisch untadeligen Podiumsdiskussion über die zu geringe Präsenz von Frauen auf dem Kunstmarkt besonders im höheren Segment hatte er für Aufruhr gesorgt, als er fragte, ob schon mal jemand untersucht habe, ob es sich nicht vielleicht genau umgekehrt verhalte und viel zu viele Künstlerinnen auf dem Kunstmarkt reüssierten, bloß weil sie strickten oder Kacheln klebten. Vicco, der neben ihm saß, hatte die Frage zwar für ein wenig polemisch gehalten, sich aber gefreut dass sie die Konventionalität der Podiumsschwätzer, die sofort in vereinte Empörung verfielen, aufs Schönste entlarvte. Er hatte was übrig für Provokateure. Beim Essen, zu dem er Wladimir einlud, stellten sie fest, dass sie in derselben Stadt wohnten.

Nun war's nicht so, dass Wladimir niemals Wolle oder Fliesen in seinen Kunstwerken verarbeitet hätte, wie Vicco schon beim ersten Besuch in Wladimirs Studio feststellte. Als Student hatte Wladimir alles an Materialien durchprobiert, was sich zur Schaffung neuartiger Kunstwerke eignete (›Malerei ist abgesunkenes Kulturgut‹), Fernsehgeräte, Melkstühle, Fett, Ballonseide, Plastikspielzeug, Bücher, Pfannen, Elektromotoren, Neonröhren, Federn, Schultafeln, Blei, Tischtennisbälle, Kugelschreiber, Plexiglasscheiben, Radios, Autotüren, Wachs, Leitern, Kettensägen, Schokolade, Blut, Sperma, Pflastersteine, Gummi, Tellerscherben, Präservative, Suppendosen, Pflanzensamen, Spiegel, Kleidungsstücke, Fahrradklingeln, Apothekenschränke, Zitronen.

Die raumfüllenden Werke seiner Studentenzeit hatte Wladimir nur deshalb nicht entsorgen müssen, weil ihm eine beträchtliche Zuwendung eines Onkels, der während der Reprivatisierungsjahre Russlands zu maßlosem Reichtum gekommen und familiaristisch veranlagt war, erlaubt hatte, zwei aufgelassene Fabrikhallen zu kaufen und nach seinen Vorstellungen aufwendig umzubauen. In diesen in ein Atelier mit riesigen Lagerflächen verwandelten Hallen trafen sich Vicco und Wladimir seit Basel jeden Donnerstag.

»Komm, ich zeig' dir meine neueste Arbeit.«

Wladimir – in der Hand statt wie üblich ein David-Nathan-Maister-Bubble-Glas wasserverdünnten, ungezuckerten Schweizer Absinths ›Green Velvet Blanche‹ aus dem Val de Travers, ein kobaltblaues Murano-Glas rubin- bis granatroten 2006er ›Rubesco Riserva Vigna Monticchio‹ der Winzerfamilie Lungarotti aus Torgiano (Importeur Martin Murch, Tel. 0172-513 75 69), 94 Parker-Punkte (Vicco, dem nach den Ereignissen des Tages nach einem Wein mit nostalgischer Färbung war, hatte ihn mitgebracht) –, Wladimir führte Vicco zu einer grauen Stahltür gegenüber dem Ateliereingang. Durch eine kleine vergitterte Fensteröffnung in der Tür sahen sie in einen hohen, etwa zehn mal zehn Meter großen, nur von einem kalten Notlicht erleuchteten Raum.

Mittig vor der rückwärtigen Wand waren in ungefähr ein Meter Höhe ein Kunststoffkasten mit einem Aluminiumtrichter und mehrere Metallrohre an einem senkrecht auf dem Boden festgeschraubten metallenen Pfahl befestigt. Vom Kunststoffkasten führte eine elektrische Schnur zu einer an der Decke hängenden nackten Glühbirne und ein stramm gespannter Metalldraht zu einem zwei Meter hinter der Tür in zehn Zentimetern Höhe quer durch den Raum ebenfalls stramm gespannten zweiten Metalldraht. In der linken hinteren Ecke stand auf dem Boden ein durch eine elektrische Schnur mit der Glühbirne verbundener Transportvogelkäfig, in dem eine dreckgrau melierte Stadttaube ruckte und glotzte.

»Mein Friedenstäubchen.«

Wladimir machte eine kurze Pause. Vicco sollte staunen dürfen.

»Du kennst doch Picassos ›*Friedenstaube*‹. Pathetischer, verlogener Kitsch. *Fake-Art*. Mein Täubchen ist Wahrheit.«

Vicco sah Wladimir fragend an.

»Desaster-Kunst. *Truth-Art*. Sachlich wahr. Nichts Gefühliges. Nichts Biografisches. Niki de Saint Phalle ist auch Kitsch.«

Die Taube kollerte. Vicco verstand immer noch nicht.

»Eine Selbstschussanlage. Hatte die DDR damals an ihrer Friedensgrenze installiert. Frieden, wusste schon Honecker, ist das höchste Gut der Menschheit. Splittermine SM-70. Achtzig Stahlwürfelgeschosse.«

»Und die Taube?«

»Kommt gleich raus.«

Wladimir drückte auf einen Schalter neben der Tür. Die Glühbirne an der Decke leuchtete auf, die Käfigtür öffnete sich.

»Hinter der Wand hängen zwei Kameras, oben in den Ecken. Die sind jetzt auch an und filmen. Du kannst hier bleiben! Ich seh's mir auf dem PC an.«

Der Laptop befand sich auf einem Tisch ein paar Meter weiter neben einer hübschen Phallophelloplastik.

Vicco blieb vorm Fensterchen. Erst als die Taube ihr Gefängnis verließ, sah er, dass eine Spur Körner vom Käfig bis unter den quer gespannten Draht hinter der Tür führte.

Die leicht hinkende Taube – am linken Fuß fehlte die hintere, am rechten die linke vordere Kralle – dreidelte sich ihren Weg.

ש ג ש ג ש ג…

Nachdem sie das letzte Korn vor dem Draht aufgepickt hatte, stoppte sie kurz und begutachtete die Schnur. Drüber oder drunter?

Drunter. Dabei hob ihr Rücken den Draht leicht an.

ש – und raus bist du.

Für Vicco fielen die Detonation des Tötungsautomaten und die seines Gehirns in eins. Ein Stahlwürfelchen hatte den Weg durchs Türfensterchen in seine Stirn gefunden.

Auch die Taube wurde am Kopf getroffen. Doch ihrer wurde, anders als der Viccos, der bis aufs Geschosslöchlein äußerlich intakt blieb, geradezu zerfetzt.

Der unterschiedliche Zerstörungsgrad lag vermutlich an der unterschiedlichen Größe der Köpfe.

Lutz

Wer die fünfzig überschritten hat, kommt, je nach Vorleben, auf Gedanken. Nicht unbedingt auf radikale, aber doch auf eigene. Manchmal sogar auf Lebensänderungsgedanken.

Lutz Struth war sechsundfünfzig.

Wie Aby Warburg hatte er Kunstgeschichte, Archäologie und Geschichte studiert, allerdings ästhetischen, unpolitischen Wohlgefallens halber. An Handlungen, Ereignissen und Zusammenhängen interessierte ihn nur, was nicht in blanker Nützlichkeit sich erschöpfte. Fortschritt hielt er für eine banausische Kategorie. Die Höhe einer Zeit bemaß er an der Schönheit und Kultiviertheit ihrer Sitten und Umgangsformen, Mode und Architektur, Kunst und Religion.

Für geradezu degoutant erachtete er es, Geld und Reichtum fürs höchste menschliche Gut zu halten. Wenn's nicht zur Verfeinerung der Denk- und Lebensweise verwendet wurde, war Geld Dreck. Die vergoldeten Möbel geiler russischer Oligarchen und pussygrabschender amerikanischer Immobilienmilliardäre stießen ihn genauso ab wie die Vulgarität ihrer kaviar-, hummer- und champagnergesättigten Hochzeits-, Scheidungs- und Junggesellenpartys, auf denen die immer gleichen Mainstream-Popstars ihre immer gleichen Mainstream-Hits hören ließen.

Wie beim 1866 am Vortag des Preußisch-Österreichischen Kriegs geborenen Hamburger Bankierssohn Aby hatte sich auch beim 1950 am Vortag des Koreakriegs gezeugten Zürcher Fabrikantensohn Ludwig – sein Vater wurde bei Krisen, die sich zu Kriegen zuspitzten, nicht nur zu geschäftlichen Höchstleistungen stimuliert –, beim ausschließlich an der Verwandlung von Vermögen in Kultur interessierten Ludwig hatte sich schon in früher Jugend eine unbeeinflussbare Zielstrebigkeit angekündigt, so dass ihm vom Familienrat nolens volens gestattet worden war, nach dem Abitur wirtschaftsfern zu studieren und den ihm als Erstgeborenem zustehenden Posten des Generaldirektors des weltweit in Erd- und Palmöl, Waffen und Schönheitskliniken, Diamanten und Schokolade operierenden Familienunternehmens auszuschlagen.

Wie der nach kulturwissenschaftlichem Schriftgut begierige Hamburger Erbe Aby hatte auch der schon von jungen Jahren an nach exquisiten Kunst und Designgegenständen verlangende Zürcher Erbe Ludwig noch vor seinem achtzehnten Lebensjahr mit seinem jüngeren, konventionelleren Bruder vereinbart, dass dieser die Leitung der Firma übernehmen und ihm dafür ein Leben als Sammler der ihn faszinierenden Artefakte großzügigst finanzieren würde. Eine Regelung, die niemals infrage gestellt wurde, was nicht unwesentlich an der allerdings erwartbaren Fügung lag, dass die nach dem Zweiten Weltkrieg ununterbrochen fortdauernde Kriegshausse die Geschäfte der familieneigenen Konzernholding und ihrer auf allen Kontinenten operierenden Firmentöchter geradezu üppigst florieren ließ.

Glückes Geschick.

Als Ludwig sechsundfünfzig wurde, hatte er in seiner schlossgroßen Villa die erlesensten Gegenstände aller Völker und Zeiten zusammengetragen – Repetieruhren und Spazierstöcke, Specksteinfigurinen und Tabatieren, Federhauben und Gobelins, Diademe und Wiegendrucke, Musikinstrumente und Krawatten – sowie die großartigsten Opernhäuser und sämtliche Literaturnobelpreisträger besucht, zuhause oder auf dem Friedhof. Er hatte während der letzten vierzig Jahre keine wichtige Modeschau versäumt und kannte die großen Hotels aller zivilisierten Länder.

Und doch fehlte ihm etwas, gab es etwas, was er nicht kannte und wonach sich irgendetwas in ihm, von dem er auch nicht wusste, was es war, sehnte. Vielleicht traf das Wort ›Sehnsucht‹ nicht, was ihn umtrieb, und es war bloß das unangenehm insistierende Rumoren einer untergeordneten Gewissensdrüse, die einen Beweis für die Vollständigkeit der Erfüllung seiner kulturellen Ambitionen verlangte und einfach nur den Nachweis vermisste, dass er, ihr Ego, im Leben nichts Schönes versäumt hatte.

Allerdings konnte ihm doch noch etwas völlig Unbekanntes fehlen, etwas, was ihn möglicherweise völlig aus der Bahn werfen würde, wenn er von ihm hören würde. Aber, wie gesagt, er wusste es nicht. (Wer weiß schon, was ihm fehlt?)

Zur Feier seines sechsundfünfzigsten Geburtstags war auch seine Nichte gekommen, die am selben Tag vierundzwanzig wurde und mit ihm den gemeinsamen Achtzigsten feierte. Als Geschenk hatte er ihr Erstausgaben von Literaturnobelpreisträgern besorgt, Anatol France' ›*L'Île des Pingouins*‹, Ernest Hemingways ›*The Old Man and the Sea*‹ und Gabriel García Márquez' ›*El amor en los tiempos del cólera*‹. Sie schenkte ihm keine Erstausgabe, nicht einmal ein gebundenes, sondern ein jüngst gedrucktes kleines Taschenbuch, Albert Camus' ›*La Chute*‹. Dafür übergab sie es mit einem Kommentar.

»Du bist jetzt sechsundfünfzig, älter, als Cäsar und Nietzsche geworden sind. Zeit, dein Leben zu ändern.«

Natürlich hatte Ludwig alle Werke Camus' in Erstausgaben in seiner Laureatenbibliothek. Er hatte auch ›*La Chute*‹ gelesen, wie alle wichtigen Werke der Literaturnobelpreisträger. Aber wie alle seine bisherigen Lektüren war auch diese allein eine ästhetische gewesen. Er erinnerte sich an die Perfektion, die Eleganz, die Geschmeidigkeit der Sprache Camus', die Raffinesse und die anspielungsreiche Symbolik. Er hatte die grandiosen Simultankontraste vor Augen, die Camus so brillant einsetzte, die verführerische Lichtheit und Attraktivität von Paris und die dumpfe Nebligkeit und Dunkelheit Amsterdams, die spirituelle Erhabenheit der Tafel ›*Die gerechten Richter*‹ Jan van Eycks und die handfeste Obszönität der Mexico-City-Bar, Clamence' Ruhm als selbstloser und bescheidener Wohltäter der Witwen und Waisen und sein Stolz auf diesen Ruhm, die Wertschätzung Clamence' für die Weite des hohen Blicks und die Enge der beschränkten Lage Amsterdams, seines selbst gewählten Bußrichter-Exils.

Aber was hatte der Roman mit ihm, Dr. Ludwig van der Perrister, zu tun? Führte er in Zürich, wie Clamence in Paris, ein falsches, ein eitles, ein ausschweifendes Leben? Hatte er eine Unterlassungssünde begangen wie Clamence?

Ludwig las das Buch dreimal hintereinander.

Nach sieben Tagen wusste er, was seine Nichte gemeint hatte. Er hatte sich bisher nur im Außergewöhnlichen aufgehalten. Dem Durchschnittlichen, Alltäglichen, Mittelmäßigen hatte er sich nie gewidmet.

Wie lebte ein Mensch, der nur ein kleines Einkommen hatte? An was hatte jemand Freude, der nicht Millionär war? Und was war an den Vergnügungen eines Mittellosen dran?

Als er verstanden hatte, wie eingeschränkt seine bisherigen Erfahrungen gewesen waren, beauftragte er einen Notar, sein gesamtes Vermögen bis auf einen kleinen Teil – nicht zu klein; klein nur für *ultra high net worth individuals*; das Geld sollte fürs restliche Leben bequem reichen – in eine Stiftung zu verwandeln, änderte seinen Namen in Lutz Struth und zog aus seiner Villa mit Zürichsee-Panoramablick in eine Penthousewohnung, deren Dachterrasse eine schöne Aussicht auf die Dächer und Tauben der von ihm per Zufallslos ausgewählten deutschen Großstadt bot.

Als Lutz Struth wollte Ludwig authentisch werden, lieben, essen, denken, fühlen, leben und, wenn's denn einmal sein musste, sterben wie jedermann. (Allerdings nicht unbequem. Auf Maßanzüge, -hemden und -schuhe verzichtete er nicht.)

Seit seinem identitätscamouflierenden Umzug war ihm einiges an gewöhnlicherer Erfahrung gelungen. Er hatte öffentlichen Nahverkehr, Döner und Discountläden kennengelernt, ein Helene-Fischer-Konzert und ein Zweitligafußballspiel in der Nordkurve besucht, deutsche Fernsehserien verfolgt und war – ›*I love the poorly educated*‹ – in den Schützenverein ›Halali Schwarz-Rot-Gold e.V.‹ eingetreten. Im Vereinslokal ›Kimme & Korn‹ hatte er sich sogar in die Kellnerin Mimi verliebt.

Mimi! Er hatte ein wenig Geld in kleine Geschenke gesteckt, und da er guter Gene und stressfreien Lebens wegen trotz fortgeschrittenen Alters noch immer attraktiv aussah – das harte, weiche, prächtige Gesicht der Glücklichen, die finanzielle Sorgen nur vom Hörensagen kennen –, hatte Mimi ihn in einer Anwandlung mitleidiger Schwäche, nihilistischer Verzweiflung und existenzieller Gleichgültigkeit vor zwei Wochen erhört.

Lutz' erste Amour fou. (An der Zürcher Goldküste ist leidenschaftliche Liebe eher unbekannt.)

Von Mimis Gründen, sich auf ihn einzulassen, ahnte er nichts.

Leider war der rosige Liebeswahnsinn schnell ins Schwarze gekippt. Die ›Kimme & Korn‹-Wirtin war letztes Wochenende tödlich verunglückt und Mimi so erschüttert und durcheinander, dass sie zu ihrem ehemaligen Geliebten Wladimir zurückgekehrt war, den sie wegen seines sie gelegentlich wochenlang missachtenden Künstlernarzissmus vor drei Wochen verlassen hatte. Aber Vernachlässigung, Beschimpfungen und Beleidigungen gehören wohl zum Leben, und außerdem war selbst bloß sporadische Genieaufmerksamkeit aufregender als ununterbrochene Altmännerfürsorge.

Lutz war das erste Mal in seinem Leben verzweifelt. Nach drei Tagen Hilflosigkeit hatte er sich aber wieder berappelt: Handeln!

Irgendwie, irgendwas.

Mimi zurückerobern!

Also hin zu Wladimir.

(Als Mann kämpfte man um seine Frau. Schließlich taten das australische Riesenkängurus auch.)

Wladimir war Künstler und offenbar einer von denen, die von ihrer Kunst nicht leben konnten. Seine Website war ungepflegt, Wikipedia kannte ihn nicht, und auch sonst gab's keine Internet-Einträge. Wladimir Golub war dem Kunstbetrieb völlig unbekannt. Lutz war davon überzeugt, dass ein Bündel Geldscheine Wladimir davon überzeugen würde, dass sein Leben ohne Mimi besser liefe.

Als Lutz beim Atelier von Wladimir ankam, hatte er sich in Rage gedacht. Es war ihm klar geworden, dass Wladimir sich niemals mit ein paar tausend Euro zufriedengeben würde.

Künstler! Wie Lutz Künstler hasste! Nimmersatte Arrogantlinge! Dieser Wladimir bildete sich garantiert ein, auf ein Leben in Luxus Anspruch zu haben! Würde mehr, immer mehr verlangen, egal, was Lutz anböte. Widerlich! Ekelhaft! Lange Verhandlungen kamen aber überhaupt nicht infrage! Der hatte doch nicht alle, der Kerl! Lutz wollte Mimi auf der Stelle zurückhaben.

Wladimir ging sofort zur Tür, als Lutz klingelte. Die Friedenstaube hatte zwar schon die halbe Körnerstrecke zum Auslösedraht zurückgelegt, aber es würde sicher noch etwas dauern, bis der dem Tod geweihte Vogel den Hinrichtungsort erreicht haben würde. Die bei Lieferando bestellte Pekingente nehmen und bezahlen würde nur eine Minute dauern.

Lutz hatte eine *Power Pose* eingenommen, krächzte aber – ein für *Body Posture Feedback Theory*-Anhänger paradoxes Verhalten – sofort mit heiserer, dünner Stimme los (noch war er nicht wieder ganz hergestellt), nachdem Wladimir die schwere Ateliertür geöffnet hatte.

Wladimir sah schockierend gut aus.

»Zum letzten Mal! Lassen Sie sie frei!«

Wladimir kniff die Augen zusammen. Vor ihm stand ein zitternder Wutbürger in Superman-Pose, aber erstaunlich elegant gekleidet, dunkler Kaschmirmantel von Dior, schwarze, maßgefertigte Budapester von Heinrich Dinkelacker.

»Guten Abend. Wen soll ich freilassen?«

Lutz war völlig aus dem Häuschen.

»Mein Täubchen, mein Täubchen …«

Wladimir verachtete radikale Tierschützer.

»Ich wüsste nicht warum und denke nicht daran! Idiot!«

Das war zu viel für Lutz. Er schubste Wladimir mit beiden Händen ins Atelier hinein. Wladimir stolperte, drehte sich um die eigene Achse und fiel fluchend auf die Knie.

In diesem Moment detonierte die Splittermine. Sie tötete nicht nur Vicco und die Kunsttaube. Ein zweites Eisenwürfelchen fand seinen Weg durch das Sichtfensterchen der Stahltür und drang, nachdem es an einer metallenen Schirmlampe abgeprallt war, zuerst durch die Hornhaut, dann die vordere Kammer, die Pupille, den Glaskörper und schließlich den Sehnerv des rechten Auges in den Frontallappen des Großhirns Wladimirs, der sich gerade wieder aufrichtete.

Wladimir fiel ohne weitere Umstände tot um, einen winzigen Bruchteil einer Sekunde nach Vicco und der Taube. (Die Materiewellen der Raumzeit hatten den Todesrhythmus vorgegeben.)

Im Augenblick der Detonation schlug die von ihrem stramm eingestellten Federbügel zugezogene Ateliertür mit einem so lauten Knall in ihre metallene Leibung, dass Lutz, der vor der Tür stehengeblieben war, von der Detonation im Atelier nichts mitbekam.

Mimi

Mimi Roller hatte schlecht geschlafen. Die ungewohnte Arbeitszeit setzte ihr zu. Neun Uhr abends bis fünf Uhr morgens war nichts für sie.

Sie war eine Lerche, keine Eule.

Aber übernächtigt zu sein war nicht das Schlimmste. Das Schlimmste war: Sie gefiel sich nicht.

Ihr gefiel nicht, was sie im Spiegel sah: Gutmütigkeit, Treuherzigkeit, Liebebedürftigkeit.

Ihr gefiel nicht, was sie fühlte: Wut, Verachtung, Zorn.

Ihr gefiel nicht, was sie dachte: Einfaltspinselin, Eselin, Idiotin.

Wer liebte schon eine zornige Idiotin, und sei sie noch so liebebedürftig?

Sie liebte sich nicht.

Dabei hatte sie bis vor fünf Jahren ein schönes Leben gelebt.

Ein leichtes, ein aufregendes Leben.

Ein lebenswertes Leben.

Aber nur bis vor fünf Jahren.

Vor fünf Jahren hatte sie Ganymed kennengelernt.

Der Startschuss für einen Fehler nach dem anderen.

Der erste, entscheidende: sich in ihn zu verlieben.

Der zweite, verhängnisvolle: schwanger zu werden.

Der dritte, blöde: ihm von der Schwangerschaft zu erzählen.

Der vierte, miserable: ihn nicht vergessen zu können, nachdem er weg war. (›*Es ist ein Schmerz. Das ist zuviel gesagt. Es ist eben kein Schmerz.*‹)

Sie konnte diesen Kerl nicht vergessen, obwohl er schnurstracks aus ihrem Leben verschwunden war, als sie ihm erzählt hatte, dass er Vater werden würde.

(Vater war er dann aber doch nicht geworden. Nach seinem Abgang hatte sie das Kind wegmachen lassen.)

Ganymed Brandy.

Schon als sie das erste Mal seinen Namen hörte, hatte ihr Gewissen rebelliert.

›Wer so heißt, muss einen am Schwimmer haben!‹

Aber wer hört schon auf sein Gewissen.

Oh Ganymed!

Mimi hatte ihn beim Großen Wiener Korporationsball kennengelernt. Sie studierte im fünften Semester Europäische Ethnologie, er im elften Politikwissenschaft. (Wenn man das, was Ganymed trieb, Studieren nennen wollte. Er war Student, kein Studierender.)

Für ihre Seminararbeit ›*Zur Kulturprägung Österreichs durch die Wiener Burschenschaften unter besonderer Berücksichtigung des Verhaltens gegenüber Frauen unter Sozialkontrolle*‹ sollte Mimi eine Feldstudie durchführen. Da ihre Professorin davon ausging, dass keine Burschenschaft einer Völkerkundlerin erlauben würde, sie zu beobachten – ›Wir sind doch keine Mosambikaner oder Nikobaren!‹ –, hieß es verdeckt vorzugehen.

Sich als junge weiße Frau einzuschleichen war unschwer. Adrett gekleidet besuchte Mimi einen sogenannten Erstsemesterinformationsabend der Akademischen Burschenschaft Ida

(›*Blau, Silber, Rot! Ida sei's Panier! Wahrlich frei in treuer Kühnheit!*‹) und wurde auf Anhieb vom Fuchsmajor zum nächsten Damenabend eingeladen. Sie hatte ein wenig auf kokett getan und sich als Kunstgeschichtsstudentin Musetta von Paris vorgestellt, alter preußischer Adel, südliche, Augsburger Linie.

Sie ging davon aus, dass kein Burschenschafter die Namensanspielung verstehen und ihr Pseudonym enttarnen würde. Und falls sie einer doch im ethnologischen Seminar entdecken würde, würde sie ihre Anwesenheit leicht erklären können: Außereuropäische Kunst verstehe man nur, wenn man ihre völkerkundlichen Hintergründe kenne; nur Europa habe Kunst im eigentlichen Sinn geschaffen, autonome Kunst, reine Kunst; vor und außerhalb europäischen Einflusses gebe es nur dienende Kunst.

Mimi war sich sicher, dass jeder Burschenschafter diese Differenzierung gutheißen und ihre Erklärung akzeptieren würde.

Bald nahm Mimi nicht nur an allen Ida-Veranstaltungen teil, zu denen Frauen zugelassen waren – Spielnachmittage, Ausflüge, Bälle –, sie erhielt auch Zutritt zum allabendlichen geselligen Beisammensein rund um den immer stark belagerten Bierausschank im ersten Stock des Corpshauses. Sie durfte sogar mit auf den Paukboden.

Mimi hatte sich die Anerkennung des Fuchsmajors, eines etwas pummeligen, gleichwohl soldatisch national gesinnten Oberlandesgerichtsratssohns – den ersten Schmiss hatte sein Vater mit ›Österreich ist stolz auf dich‹ kommentiert (›*Ach Österreich, du Elysium Europas, du Idyll wunschlosen Unglücks*‹) –, Mimi hatte sich die Verehrung des Fuchsmajors nicht nur durch ihre Schönheit, sondern auch durch die Aussage erworben, dass sich vor der Ehe keine Frau, die auf sich halte, einem Mann, und sei sie mit ihm verlobt, hingeben dürfe.

»Meinen ersten richtigen Kuss bekommt mein Gatte. Ich bin kein süßes Mädel und keine Femme fatale.«

Ihre die Feldstudie betreuende Professorin hatte ihr empfohlen, sich intensiv in das Wertesystem der Burschenschafter hineinzudenken. »Das geht, ohne dass es Dich verändert.« Es sei für ihr Forschungsvorhaben gewiss günstig, sich gelegentlich konservativ kakanisch zu äußern, damit ihre neuen Freunde sie als Ihresgleichen ansähen und sich in ihrer Anwesenheit frei und ungehemmt benähmen.

»Und klopfen Sie ruhig radikal restaurative Sprüche. Mir ist nicht bekannt, dass sich österreichische Burschenschafter an reaktionären Weltbildern stören würden.«

Selbstverständlich wurde Mimi zum Korporationsball in die Hofburg eingeladen. Sie hatte sich gerade zusammen mit dem Fuchsmajor und den drei anderen Vorstandspaaren (Senior, Con, Sub) an den Ida-Präsidentisch gesetzt, als Ganymed, ihr Tischkellner, sie im Namen der Hofburg begrüßte und sich nach den Getränkewünschen ›der gnädigen Herrschaften‹ erkundigte. Sein Ton war weder frech noch ironisch, nur selbstbewusst. Dass er im Auftrag des Wiener AStA für die Neuausgabe des ›Burschi-Reader‹ undercover recherchierte, erfuhr sie erst später.

Die weiche, erotische Intonation seiner Stimme ließ nicht nur Mimi verzückt aufschauen. Auch der Consenior neben ihr bekam einen verklärten Blick.

Von diesem Moment an hatte der Abend für Mimi eine irreale Note. Der einzige, der für sie wirklich existierte, war Ganymed. Zwar wurde sie aufs Anständigste von ihren Tischnachbarn aufgefordert, aber ihre Tanzpartner erschienen ihr fast unkörperlich, geradezu virtuell. Die bunten Pekeschen, die rauschenden Walzerklänge waren ein imaginäres Geschehen, ein Film, den sie sah, in den sie aber nicht involviert war. Natürlich spürte sie die warmen Hände ihrer Tanzpartner auf dem Rücken. Aber sie waren wie nie gespürt, sobald sie wieder am Tisch saß.

Toons, alle nur *Toons*.

Real war allein Ganymed, der den traumhaften Champagner, das traumhafte Essen und den traumhaften Wein brachte und gegen Morgen, kurz vor Ende des surrealen Balls, als Abschiedsgruß der Hofburg jeder Dame am Tisch eine traumhafte gelbe Rose überreichte.

Mimi erhielt nicht nur die traumhafte Blume, sondern auch einen sehr realen kleinen gefalteten Zettel.

›Ganymed, Wien 5337570‹

Niemand sonst bemerkte was.

Zwei Tage später waren Mimi und Ganymed ein Paar.

Natürlich war nicht mehr daran zu denken, sofort im Anschluss an die Seminararbeit die Bachelorarbeit zu schreiben. (Gott sei Dank hatte Mimi die Ergebnisse ihrer Feldstudie schon vor dem Korporiertenball vollständig zusammengestellt, so dass sie die Seminararbeit in wenigen Stunden hatte fertigstellen können.) Nach Ganymeds Ansicht war Mimi allemal ungesund schnell (»Wer schließt sein Studium schon in Regelstudienzeit ab? Entspann' dich!«), weshalb sie das Studium aussetzte (»Du kriegst viel mehr mit, wenn du reist, als wenn du bloß liest«) und mit ihm durch Europa zog (»Die anderen Kontinente machen wir später«).

Elektrisches Leben.

Aus den ursprünglich geplanten »paar Wochen« wurde fast ein Jahr.

Ganymed liebte Extreme, weshalb es im Winter der Norden Europas sein musste: Oslo, Stockholm, im Januar sogar Lappland. Dabei war sie eigentlich ein Sonnenkind. (›*Nördlich des Limes sollte niemand wohnen.*‹)

Die ewige Dunkelheit ertrug sie nur, weil sie wie wahnsinnig in Ganymed verliebt war: Mimi konnte nicht sagen, was ihr an Ganymed im Einzelnen gefiel. Sie hätte sogar eher eine ganze Latte von Eigenheiten und Verhaltensweisen auflisten können, die ihr an Ganymed missfielen. Ihre Verliebtheit war eine Naturgewalt, die sie vollkommen desintegrierte. Ganymed war eine Sucht. Dass sie gerade in Rovaniemi, wo es bei 16° C dauerschneite, schwanger werden musste, passte irgendwie.

Dann Anfang März in Helsinki – sie waren wieder auf dem Weg zurück nach Österreich – der Schwangerschaftstest, das Verkünden der frohen Botschaft in einem kleinen Café und Ganymeds sofortiges Abseilen. Er war wortlos aufgestanden, hatte seinen Rucksack genommen und seine Jacke angezogen und war gegangen.

Nicht einmal seinen Kaffee hatte er bezahlt.

Up and away. Ein Wiener wie aus einem Arthur-Schnitzler-Stück.

Mimi sah ihn nie wieder.

Zurück in Österreich ließ sie den Fötus abtreiben.

Da sie vergessen hatte, die Gebühren fürs Wintersemester zu bezahlen, war sie exmatrikuliert worden. Zwar hätte sie sich fürs Sommersemester wieder einschreiben können, aber ihre Professorin, bei der sie ihren Bachelor hatte machen wollen, unterrichtete ein Jahr lang in Berkeley. Pech irgendwie.

Ihr Vater, Musikalienhändler in Salzburg, vermittelte ihr einen Ausbildungsplatz in Dussmanns Kulturkaufhaus in Berlin, doch war der Laden nichts für sie. Ganymeds Spotify-Playlist hatte fast nur Lautenmusik enthalten, so dass sie jedesmal völlig fertig war, wenn jemand nach Zupfmusik fragte: Ob Zither, Harfe oder Laute, war egal. Sie kündigte nach drei Monaten. Wer traut sich schon, den Eltern jede Niederlage zu erzählen? Also blieb sie in Berlin und tat so, als ob sie noch bei Dussmanns arbeitete, und jobbte woanders.

Aushilfskellnerin in einer Studentenkneipe.

Trotzdem konnte sie Ganymed nicht vergessen. Weder half eine kürzere Affäre mit einem Soziologiestudenten noch eine längere mit einem Philosophiedozenten.

Vielleicht, überlegte sie, war Berlin nichts für sie. Also raus aus der deutschen Hauptstadt. (Ihrem Vater hatte sie schließlich doch gestanden, dass sie die Lehre bei Dussmanns geschmissen hatte.) Aber auch überall sonst passierte dasselbe, in jeder verdammten deutschen Stadt: Sie konnte Ganymed nicht vergessen, ob sie allein blieb, mit jemandem zusammenzog oder sich von einem One-Night-Stand zum anderen hangelte.

Alle halbe Jahre wechselte sie den Arbeitsplatz.

Zuletzt hatte sie Wladimir kennengelernt. Bei ihm wäre sie geblieben, wenn er nicht so ein Macho gewesen wäre. Aber irgendwann hielt sie Wladimirs Sprüche nicht mehr aus. Also weg von ihm. Eine neue Stelle in einer anderen Kneipe suchen, in der Wladimir nicht verkehrte. Vielleicht würde sie sich im Schützenlokal ›Kimme & Korn‹ aus dem ewigen Murmeltier-Kreislauf ihrer scheiternden Liebschaften befreien können.

Ein vergeblicher Schachzug. Lutz, ein reicher Schweizer, kriegte sie herum. Natürlich wusste sie, dass auch dieser alte Knacker nichts für ewig war, so gepflegt und gebildet er auch war. Aber erst, als die Schützenwirtin tödlich verunglückt war, erzählte sie ihm, dass sie wieder zu Wladimir zurückkehren würde. Was zwar nicht stimmte, aber sie wollte Lutz nicht allzu sehr vor den Kopf stoßen. Es musste für einen alten Zausel eine größere Kränkung sein, einfach so, sozusagen ursachlos verlassen zu werden als wegen eines Jüngeren. Dass Zukunftsperspektive ein Lebensplanungsgrund ist, musste auch für einen *Sugardaddy* nachvollziehbar sein.

Aber jetzt brauchte sie Geld. Angela, die Wirtin, hatte ihr immer Anfang des Monats das Gehalt des letzten Monats überwiesen, abzüglich der gelegentlichen Vorschüsse, die sie ihr gegeben hatte. Es würde dauern, bis sie das ausstehende Gehalt von den Erben ausbezahlt bekäme.

Auf die Schnelle fand sie eine Anstellung auf Vorschussbasis nur in einem Bordell.

Barbedienung.

Bordellbar klang schlimmer, als es war. Es wurde nicht von ihr verlangt, die Männer anders als mit Getränken zu versorgen. Das Bordell hatte sogar etwas Gutes. Dass sie sich in einen Freier verlieben könnte, hielt sie für ausgeschlossen.

Aber jetzt hieß es nachts arbeiten, und das war gegen ihre Natur: Den ganzen Tag kaum schlafen können, aber abends um neun hellwach und munter sein müssen. Kein Wunder, dass sie auf dem Weg zur Arbeit missgelaunt war.

Vor drei Tagen hatte sie Lutz mitgeteilt, dass sie zu Wladimir zurückgekehrt sei. Lutz hatte sie seitdem in Ruhe gelassen, aber an diesem Abend stand er plötzlich wieder vor ihr. Sie war noch nicht weit von zuhause Richtung Arbeit gegangen, als er sie ansprach. Offenbar hatte er ihr aufgelauert.

»Ich war bei Wladimir. Das ist ein Windei. Mit dem kannst du nicht zusammenleben. Der kann dir nichts bieten. Komm zurück zu mir. Lass uns von hier wegziehen. Nach Barbados. Ich habe da ein großes Haus. Geld auch. Mehr als du dir vorstellen kannst. Und wenn ich mal sterbe, erbst du alles.«

Ganz falscher Zeitpunkt für einen Bestechungsversuch.

»Du spinnst wohl. Ich will nicht mit dir zusammenleben. Lass mich! Ich muss zur Arbeit.«

Sie war kurz stehen geblieben, ging aber gleich wieder weiter. Lutz hinterher.

»Es war doch immer so schön mit uns.«

»Lass mich in Ruhe. Ich will nichts von dir.«

»Wenn du mich verlässt, bring' ich mich um.«

Als ob sie ihn nicht schon verlassen hätte. Und erpressen lassen würde sie sich nicht. Das fehlte noch.

»Ich sag's dir zum letzten Mal. Lass mich in Ruhe, sonst schrei' ich.«

In einem kurzen Parkweg zwischen Bäumen und Hochhäusern fasste er sich ans Herz.

»Ich liebe dich.«

Mimi hasste sentimentale Gesten.

»Ich dich aber nicht.«

Bloß weg! Außerdem war sie spät dran.

Sie ließ ihn zurück, ohne sich noch einmal umzusehen.

Lutz' Griff ans Herz war aber keine sentimentale Geste.

Der von einer Joggerin ein paar Minuten später herbeigerufene Notarzt konnte nur noch den Tod feststellen.

Auch Schweizer Milliardäre sind sterblich.

Franz

Franz war lange Zeit in jeder Hinsicht, im Sinnen, Fühlen und Trachten, in Gewohnheiten und Abneigungen, fromm gewesen.

Im Herzen war er's immer noch. Aber leider nur im Herzen. (Was allerdings fürs Himmelreich ja reicht.) Ein Vierteljahrhundert im Dienst einer modernen Landeskirche reibt die biblische Frische und die prophetische Fröhlichkeit selbstbewussten evangelischen Glaubens auch des enthusiastischsten Pastors auf. Protestantische Freiheit womöglich auch.

Seit seiner Ordination war Franz ohne Unterbrechung Pfarrer bei Heilig-Geist, einer wunderbar ruhigen Klein- und Bildungsbürgergemeinde. Die lichtdurchflutete, nach den Vorgaben des Eisenacher Regulativs erbaute und im Jahr des Herrn 1888 eingeweihte Kirche hatte den Bombenhagel des Zweiten Weltkriegs, der den Stadtteil rundherum beinahe ausgelöscht hatte, nahezu unbeschädigt überstanden. Nachkriegsfotos des neugotischen Backsteinbaus inmitten eines Nichts zusammengefallener Trümmer weckten selbst bei radikalen Rationalisten erbauliche Gedanken. Eigentlich eine Idealgemeinde. Kaum Prekariat, wenig Großkopferte. Wenn alles geblieben wäre, wie's zu Beginn seiner Amtszeit gewesen war, wären die fünfundzwanzig Jahre in dieser Pfarre sicherlich eine schöne Zeit gewesen.

Anfangs hatte er sich die Arbeit mit zwei älteren Kollegen geteilt. Die Anzahl der Ausschusssitzungen war überschaubar gewesen und er hatte genügend Zeit gehabt, die Sonntagspredigten vorzubereiten und seine Schäfchen auch dann einmal zu besuchen, wenn sie nicht gerade einen hohen Geburtstag feierten.

Nach der Pensionierung der beiden Brüder im Herrn wurden die frei gewordenen Pfarrstellen dann aber mangels Priesterinnennachwuchses ersatzlos gestrichen. Die von Franz zusätzlich zu übernehmenden sonntäglichen Messfeiern und Kasualien waren nicht das Problem, zumal auch die Gemeindemitgliederzahl zurückgegangen war. Gottesdienst und Seelsorge waren ja sein Beruf. Die Zunahme der Verwaltungsaufgaben nervte, Bausachen, Finanzen, Personal. Franzens Alltag war mittlerweile fast ausschließlich Büro und Gremienarbeit. Das war nicht das, was ihm geistlich wesentlich schien und wofür er Theologie studiert hatte.

Außerdem hatte die Streetworker- und Friedensaktivistenmentalität der Nachachtundsechziger mit ihrer Diesseitigkeitsethik die Theologie bis in die transzendentalen Tiefen hinein infiltriert und ihr einst transzendentes Selbstverständnis weitgehend säkularisiert. Seelsorglich Gottesdienstliches (Beten, Verkünden, Bekennen) wurde nicht mehr nur von atheistischen Neuhumanisten und Marxisten für überflüssig gehalten. Selbst Pastorinnen hielten die Aufrechterhaltung und Stärkung christlicher Spiritualität nicht mehr für die primäre kirchliche Aufgabe.

Vom katholischen ›*Ora et labora!*‹ war im praktizierten Protestantismus nur noch das ›*Labora!*‹ geblieben. Der geistliche Hirte war Sozialfürsorger geworden.

Doch selbst diese Veränderungen hätten Franz die Freuden seines Berufs nur unerheblich vergällt – noch tadelte niemand einen Pastor, wenn er Seelsorge und Gottesdienst für wesentlich erachtete –, wenn nicht das Landeskirchenamt zu einer bürokratischen Krake (*deep church*) mutiert wäre, die ihre Arme in sämtliche gemeindlichen Verwaltungsbelange ausstreckte und verlangte, bei jeder Kleinigkeit konsultiert zu werden, um dann Ewigkeiten für Adiaphora-Entscheidungen und die Erledigung einfachster Aufgaben zu benötigen.

Geradezu zermürbend waren die Auseinandersetzungen mit der hoffnungslos intransparenten und notorisch überforderten Finanzbuchhaltung des Landeskirchenamts. Da es keine abrufbaren aktuellen Gemeindekassenstände gab – niemand wusste, wie es zu diesem Missstand gekommen war, weshalb auch niemand sagen konnte, wie man ihm beikommen konnte –, mangels Finanzüberblick war das Amt so gut wie nie in der Lage, einem Projekt zeitnah die Genehmigung zu erteilen. Es dauerte Monate, manchmal Jahre, bis geklärt war, ob und in welchem Topf Mittel für ein bestimmtes Vorhaben bereitstanden, weshalb es gewöhnlich nicht möglich war, zügig über eine Kostensache zu befinden. Der finanzielle *Government shutdown* blockierte jede Unternehmung. Wenn schließlich doch die Genehmigung zur Durchführung einer Maßnahme erteilt wurde, hatten sich die gesetzlichen Rahmenbedingungen dank neuer Regeln oft schon wieder so verändert – die Vermehrung von Richtlinien, Verfügungen und Verordnungen funktionierte tadellos –, dass ein neues Bewilligungsverfahren eingeleitet werden musste.

Vor mehr als einem Jahr hatte der ehrenamtliche Gemeindebauausschuss nach der vom Kirchenamt vorgeschriebenen zweijährlichen ausführlichen Begehung des Kirchgebäudes die Dacheindeckung moniert: Das Ziegelwerk mache nicht den Eindruck, noch überall fest vermörtelt zu sein; zwischen einigen Ziegeln scheine Tageslicht hindurch; es könne nicht ausgeschlossen werden, dass bei starkem Sturm Ziegel vom Dach geweht und Passanten verletzt würden; man empfehle, einen Sachverständigen zu bestellen.

Einen Sachverständigen zu bestellen aber hieß, zuerst eine Kostenübernahmezusage der Finanzabteilung des Landeskirchenamts einzuholen. Dienstvorschrift. Direkt einen Fachmann zu konsultieren wäre nur unter Umgehung des vorgeschriebenen Dienstwegs möglich gewesen und hätte darüber hinaus geheißen, dass die immer klamme Gemeinde die Kosten hätte tragen müssen.

Für einen schon qua Berufung mit Pflichtgefühl ausgestatteten Mann wie Franz eine missliche Lage. Nachdem er den Antrag auf Übernahme für die Kosten des Bausachverständigen dreimal per Post verschickt hatte – der erste Antragsbrief war laut Posteingangsbuch zwar im Landeskirchenamt, aber nicht beim zuständigen Sachbearbeiter angekommen, der zweite war moniert worden (das vorliegende Begehungsprotokoll sei zwar von allen an der Begehung Beteiligten unterschrieben worden, aber nicht von allen Mitgliedern des Bauausschusses (›vgl. Protokoll zur Konstituierendenwahl des Bauausschusses vom 1. April letzten Jahres‹); die geforderten ausgeschriebenen Unterschriften des Bauausschussmitglieds Berthold Svinekoben und des Kirchenvorstandsvorsitzenden Dr. Rudolph Gott würden fehlen (das von Herrn Dr. Gott benutzte Namenskürzel ›Gt‹ im Stempelgitter ›Gesehen/Gelesen‹ genüge nicht)) –, nachdem Franz dreimal telefonisch nachgefragt hatte, wann er mit einer Antwort rechnen dürfe, ohne mehr als die kurze Auskunft zu erhalten, dass er sich gedulden müsse (›Wir arbeiten schnellstmöglich und sehen keinen Grund, von der Bearbeitungsreihenfolge nach Posteingang abzugehen‹), hatte er den Vorgang erschöpft beiseitegelegt. Irgendwann würde das Amt schon antworten. Oder ein Ziegel vom Dach fallen. Spätestens dann musste das Amt tätig werden.

Franz konnte nur hoffen, dass nichts Schlimmes passieren würde.

Vielleicht half beten.

Gegen die drohende physio-noetische Zerrüttung hatte Franz allerdings zwei Vorsichtsmaßnahmen ergriffen. Die eine betraf seine Sinnlichkeit, die andere seine Vernunft. Beide bedurften der Pflege.

Noch zu Lebzeiten seiner Frau – sie war während einer Urlaubsreise in der Gironde an einem Ringeltauben-Knöchelchen ihrer *Salmis de palombes* erstickt –, noch vor dem Tod seiner Frau hatte er begonnen, sich jeden Sonntagabend mit seinem katholischen Amtskollegen geistiger Ertüchtigung halber zum Schach zu treffen. Martin, Bruder im Herrn, hatte an der Philosophisch-Theologischen Jesuitenhochschule St. Georgen studiert.

Seit Monaten drehten sich ihre das Schachspiel begleitenden Gespräche um die ungewöhnliche Taubenvermehrung und die Gegenmaßnahmen der Kommune. Martin missbilligte die Antitaubenhysterie und den TauNoWeP zutiefst.

»Der Stadtrat verhält sich populistisch. Hauptsache, der großen Mehrheit der Wähler gefällt's, dass es den Vögeln ans Leben geht. Seit letzter Woche sind Tausende an Schusswunden, die nicht sofort tödlich waren, elend verendet, und nicht nur Tauben. Die Stadtverordneten wollen gar nicht wissen, was sie mit der Verteilung der Taubengewehre alles anrichten.«

Franz konnte sich den Elfer nicht entgehen lassen.

»*Sacrificium intellectus*. Darin kennt ihr Katholiken euch doch aus.«

Martin musste lachen.

»Wir opfern unser Bestes fürs Beste überhaupt, der Stadtrat ein von ihm allemal kaum Geschätztes für einen kurzen Moment der Zustimmung des Volks.«

»Und was sollte die Stadt deiner Meinung nach tun?«

»Kunstprojekte mit Tauben initiieren. Man könnte sie, wie es Julian Charrière vorgemacht hat, zu grandiosen Bodenfiguren animieren. Oder sie in großen weißen Kunstkuben versammeln, die, wie in Merschers und Murchs ›*Tage der Tauben*‹, auf innerstädtische Plätze gestellt werden müssten. Oder, wie weiland Julius Gustav Neubronner, mit kleinen Filmkameras bestücken, die per Smartphone anwählbar wären. Mit einem Wort: Man müsste mit den Tauben Attraktionen kreieren. Wusstest du übrigens, dass Neubronner auf den Tag genau hundert Jahre vor unserem unvergleichlichen Merscher geboren wurde? Ich jedenfalls zünde an jedem achten Februar eine Heilig-Geist-Kerze an.«

Martin war argumentativ nicht beizukommen und leider beim Schachspiel mit normaler Bedenkzeit auch nicht. Nur im Bullet-Schach hatte Franz eine Chance.

Wichtiger für Franz aber war die psychophysische Gesundheitsvorsorge. Mit dem Tod seiner ihn einfühlsam versorgenden Ehefrau Hato – obwohl Japanerin, hatte sie ihm, wie weiland Gräfin Maria Eleonore von Kaunitz-Rietberg Fürstin zu Metternich-Winneburg zu Beilstein ihrem Gatten, Tag für Tag morgens und abends liebevoll das Vermögen und die Lust zu weiteren Liebeleien genommen –, mit seiner Verwitwung war ihm noch einmal *per negationem* bewusst geworden, wie wichtig ein erfülltes Sexualleben für die Gesundheit eines virilen Mannes war. Luthers Ablehnung des Zölibats war absolut gottgemäß, Freund Martin mochte sagen, was er wollte.

Es musste also Ersatz für den so befriedigenden ehelichen Verkehr her. Nochmals heiraten wollte Franz aber nicht. Er hielt es für unwahrscheinlich, ein zweites Mal solches Glück zu haben wie mit Hato. Seine im Tokioter Stadtteil Kabukichō aufgewachsene Frau hatte ihre sexuellen Fertigkeiten gemäß der Philosophie des Kaizen bis zur Perfektion ausgebildet. Ihre zärtlichen digitalen und oralen Kunstgriffe hatten ihn mental-orgiastisch immer dann am meisten euphorisiert, wenn er Talar trug. *Voluptas transcendentalis atque realis*. Aber unsündig. (›Darf man beim Beten Sex haben? Natürlich nicht! Darf man beim Sex beten? Selbstverständlich!‹; ›*Nicht mal unanständig die Lust, Emil.*‹) Und doch hatte etwas gefehlt. Hato hatte ihn nie in Ordensschwesterntracht beglückt.

Es dauerte nach dem Tod seiner Frau drei Jahre, bis Franz zur begrifflichen Klarheit und Deutlichkeit dieses szenischen Mangels gelangt war. Bei Gelegenheit einer beziehungsreichen Unterredung mit einer neu gewählten Kirchenvorsteherin war er mit dieser so profunden wie sublimen Erkenntnis herausgeplatzt – Verlangen musst du aussprechen, wenn du's begreifen willst – und, dem Heiligen Geist sei Dank, erhört worden.

Seit einem Vierteljahr hatte Franz zwei Nonnen-Gespielinnen. Zwar nur einmal wöchentlich – er wollte seinen Ruf nicht aufs Spiel setzen; sollte er auf die Besuche angesprochen werden, wollte er sie als Predigtvorbereitungstreffen ausgeben –, aber das war keine einschneidende Einschränkung.

Während der unbeweibten Jahre nach dem Tod Hatos hatte er sich der einsamen Freuden seiner Jungmännerjahre erinnert und die solitäre Lusterregung zur medienunterstützten Kunstform ›*Interpretative Skopophilie*‹ entwickelt. Er hatte erkannt, dass Sinnliches den erotischen Pegasus insbesondere dann zu außergewöhnlichen Höchstleistungen stimulierte, wenn das Anzuschauende in einer Erzählhandlung daherkam, die es in Wirklichkeit aus moralischen, legalen oder physikalischen Gründen selten oder gar nicht gab. Dass die Geschichten, die ihn am stärksten entflammten, nur in patriarchal geprägten Gesellschaftsstrukturen geschehen konnten, störte ihn nicht. (Mit ›*Las hijas del fuego*‹ konnte er nichts anfangen. Die diesem Film zugrunde liegende feministische Gendertheorie war ihm unbekannt.)

Diesmal wollte nur Evelyn, seine Ave, kommen. Ihm war's recht, denn völlig frei fühlte er sich in Anwesenheit Katharinas nicht. Vielleicht würde er es schaffen, Ave seine Bondage-Wünsche zu gestehen.

Sie hatten gerade den Introitus vollzogen – Hostien-fallenlassen mit anschließendem Übers-Knie-legen –, als sie, über die Windgeräusche draußen hinweg, ein Rauschen und Poltern wie von einer Steinlawine hörten. Evelyn fragte noch nach, was das gewesen sein könnte, aber Franz war so sehr darauf aus, endlich von seinen Fesselungsgelüsten zu erzählen, dass er trotz sofortiger Vermutung eines Ziegelabgangs vom Dach der nebenan befindlichen Kirche abwinkte. Das seien Baugeräusche aus der Wohnung über ihnen. Der Eigentümer renoviere gerade.

Die Dachziegelrutsche traf Mimi in dem Augenblick, als sie die Abkürzung zur Bushaltestelle durch den Pfarrgarten hinter der Apsis entlangging. Eine Bö war ins Kirchendach gefahren. Wie vom Gemeindebauausschuss für nicht unmöglich gehalten, lösten sich mehrere Ziegel und rutschten polternd hinunter. Außer Mimi selbst, die nahe genug dran war, und Franz und Evelyn nahm niemand das Gerumpel wahr.

Im Dunkel der Nacht blieb Mimi bis nach Sonnenaufgang unentdeckt. Erst morgens bemerkte ein aufmerksamer Nachbar beim Blick aus dem Schlafzimmerfenster zuerst das Loch im Kirchdach und dann den toten Körper auf dem Boden.

Als der Notarzt eintraf, war der Leichnam noch nicht völlig kalt.

Evelyn

In jeder Epoche müssen Auserwählte tragisch erfahren, zu früh geboren zu sein. Sie verfallen der Faszination einer heilsgesättigten Theaterfarce, vor deren Autorenregisseur sie sich nach einem Dutzend berauschter Jahre wie vor dem Leibhaftigen entsetzen, weil unter den zerbombten Kulissen unvorgestellte Schreckenskammern zum Vorschein gekommen sind, in welchen der künstlerische Leiter den satanischen Subtext zum übermenschlichen Heldendrama hatte skandieren lassen. Sie erhoffen eine bessere, gerechtere Welt, wissen aber, dass sie töten und entwürdigen müssen, damit sie verwirklicht werde. Sie leiden an einer letalen Krankheit, an deren Therapie gearbeitet wird, müssen aber befürchten, dass sie vor der Anwendungsreife des Behandlungsverfahrens sterben werden.

Evelyn zweifelte nicht daran, dass es eines Tages möglich sein werde, vielleicht in dreißig, vierzig Jahren, sich mit Manwé Súlimo, dem Edelsten der Edlen, in einer Realität zu treffen, die virtuell zu nennen nur noch transzendentalobjektiv, nicht mehr empirischsubjektiv wahr sein würde.

(Ach Manwé, Herr des Westens und Regent von *Valinor*, dem gesegneten Land, wo die Unsterblichen wohnen, nichts welkt und verdorrt, Blumen und Blätter keine Flecken haben, nichts, was lebt, verdirbt oder krank wird und sogar die Steine und die Wasser heilig sind!

Ach Manwé, Herrscher der Lüfte, der Winde und der Vögel, Bewohner von Schloss *Ilmarin* auf *Taniquetil*, dem Gipfel des immer weißen, schneebedeckten, höchsten Bergs *Ardas*, die da war unsere Erde, als sie noch jung war und schön und aufregend und wie sie ewig hätte bleiben sollen!)

Doch in dreißig, vierzig Jahren wäre sie neunzig, hundert Jahre alt, und es war aller Erfahrung nach unwahrscheinlich, dass sie in diesem methusalemischen Alter noch genügend Willen und Energie aufbringen könnte, um die gewaltigen *Âventiuren*, die sie mit Manwé erleben wollte, in jener Haltung, die Sitte und Anstand geboten, zu bestehen. Von der Entwicklung eines Jungbrunnens für den fleischlich vergänglichen Leib schienen Wissenschaft und Technik noch Jahrhunderte entfernt zu sein.

Für die Erfüllung des brennendsten Herzenswunschs, mit dem Auserkorenen geistig, körperlich und seelisch zu verschmelzen, zu früh geboren zu sein, war zugegebenermaßen ein beklagenswertes Lebensdefizit – Platons Aristophanes wusste ein Lied davon zu singen –, aber es war, entgegen der platonischen Suggestion, kein depressionspflichtiges. Hieß es ja nicht, auf erotische Sehnsuchtsbefriedigung völlig zu verzichten. Plastische Einbildungskraft, rege Phantasie und freier Geist, und dem Mangel konnte zumindest virtuell abgeholfen werden.

Wenn Evelyn im Amt Ausgaben auf Plausibilität durchging – was leider nicht mehr ihre Hauptaufgabe war, seitdem sie stellvertretende Abteilungsleiterin war –, lief in ihrem Kopf ein interaktiver Mittelerde-Film. Die zu überprüfenden Zahlenkolonnen veranlassten das *Default-Mode-Network* ihres Gehirns, sich ununterbrochen neue, aufregende Tolkien-Plots auszudenken. Von einer 9 wurde es zu lebensgefährlichen Kämpfen mit den dunklen Ringgeistern, von einer 3 zu zärtlichen Reigenspielen mit lieblichen Elben, von einer 12, 24 oder 36 zu olympischen Symposien am Tisch der Unsterblichen inspiriert.

(Natürlich hatten Evelyns Tagträume keinerlei Auswirkung auf die Akkuratesse ihrer unbewusst ablaufenden amtlichen Revisionen, die, im Gegenteil, alle Dienstvorschriften aufs Genaueste, ja geradezu IT-mäßig erfüllten, war ihnen ja alles menschlich Zufällige und Unzulängliche entzogen.)

Real dagegen waren die Mitgliedertreffen des Vereins ›Frodo e.V. (gemeinnützig)‹ jeden Samstagabend im großen Mehrzwecksaal des südstädtischen Freizeitheims. Ein Dutzend illusionistisch bemalte Kulissenwände – unter der Woche in einem der fensterlosen Räume des brutalistischen Siebzigerjahre-Schießschartenbaus gelagert –, eine Handvoll Biertischgarnituren, grobe Leinendecken und -hussen, Trinkhörner, Bembel, Gerippte, Dubbegläser und grob geschnitzte Holzteller, Gewürzmet und Haddekuche, kupferne Teller, Newwelinge, silberne Kandelaber, und fertig war das Refektorium von Schloss *Isengard*.

Evelyn steckte freitags Punkt vierzehn Uhr ihre Stechkarte in die Stempeluhr, fuhr nach Hause, las Tolkien-Zeitschriften – ›*Der Flammifer von Westernis*‹, ›*Hither Shore*‹, ›*Tolkien Studies*‹ und ›*Tolkien Times*‹, ›*Vinyar Tengwar*‹, ›*Parma Eldalamberon*‹, ›*Arda Philology*‹, ›*The Doves and Trumps of Valinor*‹ – und vertiefte sich ins Studium der geliebten mittelerdischen Sprachen *Quenya, Sindarin* und *Khuzdûl*, um sich nach ihrem *Hobbit*-Abendessen (Biersuppe mit gebratenen Pilzen, von Fabian akkurat nach Rezept gekocht) ›*Herr-der-Ringe*‹-Filme anzusehen. Samstagmorgens schlief sie bis zehn, aß ihr *Hobbit*-Frühstück am von Fabian jahreszeitlich dekorierten Esstisch und fuhr mit ihrem metallic eisblauen Saab 93 Cabrio – das einzige je gebaute Auto mit *Mittelerde*-Anmutung – zum *Frodo*-Treffen, ihr *Tinúviel*-Kostüm und eine Kiste Kupferpfannen und -töpfe zum Dekorieren von *Isengard* im Kofferraum.

Abends gegen elf wieder zuhause, schlief sie am Sonntagmorgen bis neun, aß ihr *Hobbit*-Frühstück – sonntags war der Tisch mit einer goldfadendurchwirkten, fliederfarbenen Damastdecke geschmückt –, besuchte um elf einen Gottesdienst – der liebste war ihr der katholische in der Marienkirche mit dem anmutigen Ballett der Ministranten und Ministrantinnen, dem hell glitzernden Messglöckchengeklingel und dem duftig schwebenden Weihrauch (aber auch evangelische mit feierlichem Schwarzkitteleinzug verachtete sie nicht) – und verbrachte den Nachmittag wieder mit Lesen. Fabian brühte regelmäßig frischen Tee und füllte die Obstschale auf.

Obwohl Freitagabend, blieb Evelyn nicht daheim. Sie wollte sich einem weiteren Steckenpferd widmen, das sie allerdings nicht ganz so öffentlich ritt wie das mittelerdische. Man könnte sogar sagen, dass sie es im Verborgenen bestieg.

Der Geschlechtsverkehr mit ihrem Mann war vor etlichen Jahren ohne Aufsehen vollständig erloschen. Ein Verlust, der verschmerzbar war, hatte ihr Gatte ja weder über Phantasie noch Durchhaltevermögen beim Beischlaf verfügt. (Ein komisches Wort, ›Beischlaf‹, aber im Zusammenhang mit Fabian das einzig angemessene für die von ihm einschläfernd ausgeübte Verrichtung.) Zwar hatte er ihr vor anderthalb Jahrzehnten an einem Hochzeitstagsabend vor dem Fernseher stotternd gestanden, dass er von Überraschungen beim Sex träume – auf Arte lief ›*Das große Fressen*‹; Andréa hatte dem gerade sich ins Nirwana verlierenden Ugo in die Hose gegriffen, um ihm einen runterzuholen –, aber als sie sich nach dem Film als *Lúthien Tinúviel* zu ihm ins Bett gelegt hatte, war er nicht tätig geworden. Die züchtige Kleidung und ein zartes Schlaflied hatten ihn geil machen sollen – andere Männer liebten gespielte Unschuld –, aber sein *resting bitch face* (gelangweilt, irr, skeptisch) verzog sich nicht mal ins Neutrale. Dabei hatte sie sich eine hübsche Überraschung ausgedacht. Wenn er ihr Sternenkleid nach oben geschoben hätte, hätte er einen genoppten Dildo in ihrer Vagina gefunden. Aber er hatte nur ›Gute Nacht‹ gemurmelt und sich schnaufend zur Seite gedreht. Nicht einmal einen Kuss hatte er ihr gegeben.

Den Kairos beim Schopf packen geht anders.

Ihre sexuellen Gelüste – und weiß Manwé, sie hatte welche – musste Evelyn also anderswo stillen. Da sie wusste, dass der

Mensch nur im Spiel zu sich selber kommt – nur im Spiel ereignen sich existenzielle Erschütterungen –, konnte auch Liebe nur im Spiel seelisch erfüllend sein.

Genauer, im Rollenspiel. Und am erfüllendsten im Nonnenspiel. Klosterfrau war für Evelyn das Nonplusultra an erotischer Raffinesse. An Nonne reichten weder Domina noch Superfrau heran, erst recht nicht die öden Männerphantasien Krankenschwester und Stewardess.

Besonders scharf waren Nonnenspiele mit Mönchs- und Priestercosplayern – wofür sich allerdings, wenig überraschend, nur wenige Männer begeisterten, hatten die meisten ja keinen rechten Sinn für das bei diesem Spiel besonders ausgedehnte Vorspiel –, am allerheißesten aber natürlich die mit tatsächlich geweihten Geistlichen. Von Sex mit echten Gottesdienern und -dienerinnen träumt jeder, der nicht asexuell ist, nicht nur der Verklemmte oder Deviante. Wenigen jedoch wird dieses schöne Los zuteil.

Evelyn hatte über eine Cosplay-Dating-App eine Cosplayerin kennengelernt, die ebenfalls auf Geistlichkeit stand, sowohl aktiv wie passiv. Sie war Mitglied im Kirchenvorstand der Heilig-Geist-Gemeinde und hatte, obwohl verheiratet – *aber die Ehe ist ein äußerlich, ein weltlich Ding* –, seit der letzten Ehrenamtlichen-Adventsfeier ein Verhältnis mit dem verwitweten Gemeindepastor, der ihr nach einer halben Flasche Bommerlunder beim Aufräumen nach dem Fest schluchzend gestanden hatte, dass es ihn danach verzehre, mit einer Nonne zu schlafen. Er wisse natürlich nicht mit letzter Sicherheit, woher diese ihn quälende Sehnsucht komme, aber es spreche einiges dafür, dass sie lutherisches Erbe sei.

Seine erfreulich evangelisch aufrechte Beichte (›*Dilige et quod vis fac!*‹) fand eine verständnisvolle und organisierte Seelsorgerin – eine schwarzweiße Zisterzienserinnentracht und ein schwarzes Augustinerhabit waren schnell besorgt –, so dass sie sich an Epiphanias erstmals als Mönch Martin und Nonne Katharina erkennen konnten. (Eine Tonsur musste er sich nicht rasieren. Sie war ihm natürlich zugewachsen.)

Aber einmal mit dem Wünschen begonnen, spross bald ein neuer Wunsch: eine zweite Nonne, Ave.

Evelyn ergriff die Chance.

In einer deutschen Großstadt war die Prominenz eines Pfarrers seit dem Beginn des dritten nachchristlichen Jahrtausends überschaubar. Öffentliche Beobachtung wie früher hatte ein Geistlicher gewöhnlich nicht mehr zu gewärtigen. Außerdem wurden, zumal im Protestantismus, dank der nahezu vollständigen Abkehr von der patriarchalhierarchischen, auf Unterdrückung und Bellizismus gegründeten Sexualmoral, die jeden Sex außer den orthodoxehelich genitalen in Missionarsstellung für sündig erklärte (die historische, relativierende Bibelexegese hatte sich in den deutschen Landeskirchen auf breiter Front durchgesetzt), sexuelle Orientierungen und Praktiken respektiert, man konnte geradezu sagen geachtet, die früheren Generationen noch die Scham und Zornesröte ins Gesicht getrieben hätten.

Trotzdem wollte Franz nicht, dass seine private Liebhaberei der Gemeinde zu Ohren kam. Er vermutete – wir denken, zurecht –, dass es in seinem Sprengel noch das ein oder andere unaufgeklärte Schäflein gab, das seinen Lebenswandel für gotteslästerlich oder mindestens lutherlästerlich halten und beim Superintendenten zur Anzeige bringen würde. Natürlich würde kein Amtsenthebungsverfahren folgen, aber schon auch nur Irritationen wollte er seiner unaufgeregten Pfarre nicht zumuten. Er beschränkte die Zahl der libidinösen Treffen daher auf einmal jede Woche, freitags. (Eine sowohl nach stoischen wie neuplatonischen Gesichtspunkten lobenswerte Entscheidung.) Bei Beachtung einiger weiterer Vorsichtsmaßregeln sollte das Entdeckungsrisiko gering sein.

Diesmal, freute sich Evelyn, würde Katharina an ihrem Treffen nicht teilnehmen. Katharinas Mann hatte Geburtstag. Vielleicht würde Franz, von dem Evelyn ahnte, dass er sich nicht traute, seiner Kirchenvorsteherin exklusivere erotische Wünsche zu gestehen, ihr, Evelyn, anvertrauen, wonach es ihn dürstete.

Die Wettervorhersage hatte für die späteren Abendstunden einen Herbststurm angekündigt. Schon als Evelyn das Haus verließ und sich auf den Weg zu Franz machte, blies der Wind kräftig.

Fabian war am Kücheputzen.

»Nimm einen Schirm mit. Es wird regnen.«

Und wie es regnen würde … (›*Let me fuck you hard in the pouring rain.*‹)

Nach einer halben Stunde mit dem Bus – Franz kredenzte zur erotischen Einstimmung Absinth, so dass es sich verbot, mit dem Auto zu fahren – erreichte sie die Heilig-Geist-Kirche. Obwohl der Stadtteil, zu dem der Sprengel gehörte, keine einzige kriegsrelevante Fabrik beherbergt hatte, war er während des Zweiten Weltkriegs von den Engländern fast vollständig zerbombt worden. Auch das schöne alte Pfarrhaus war bis auf die Grundmauern zerstört worden, so dass die Gemeinde nach dem Krieg beschlossen hatte, neben die kaum beschädigte Kirche statt eines neuen Einzelhauses einen Wohnhausblock mit mehreren Dienstwohnungen und Zwei- und Dreizimmermietwohnungen zu bauen. Da allerdings die Zahl der Kirchensteuerzahler während der letzten Jahrzehnte empfindlich zusammengeschmolzen war, leistete sich die Gemeinde seit über zehn Jahren nur noch einen Pfarrer, so dass alle anderen Wohnungen des Blocks säkular vermietet waren.

Franz wohnte im Erdgeschoss mit Blick auf den Eingangsbereich der Kirche.

»Grüß Gott, Frau Federle. Schön, Sie zu sehen.«

»Grüß Gott, Herr Pastor. Ich freue mich auch.«

Franz hatte Evelyn gebeten, ihn in der Öffentlichkeit zu siezen.

Evelyns Vermutung, dass Franz' erotische Wunschliste noch nicht ans Ende gelangt war, erwies sich als zutreffend. Nach der einem evangelikalen Leser unschwer vorstellbaren Szene *›Nonne lässt Hostie fallen, Priester bestraft sie durch Schläge auf den nackten Po‹* – die spielerisch angenommene katholische Annahme der indeliblen Sakralität der Hostie bot zusätzliches geistig-geistliches Erregungspotential –, gestand er ihr, dass er schon seit Seminaristentagen von Fesselspielen träumen würde – von geistlicher Zucht zu körperlicher Kasteiung wäre der Weg bekanntlich nicht weit –, es aber bis zum Tod seiner lieben Frau nicht gewagt hätte, sich dieses Verlangen einzugestehen. Die Zeit renne – er leide erheblich an seiner sich beschleunigenden altersbedingten Tachychronie –, jetzt endlich müsse das Verlangen sich bahnbrechen. Ob sie ihn verstehe?

Ave verstand ihn.

Bisher hatten ihre erotischen Konjunktionen aus Authentizitätsgründen im Amtszimmer stattgefunden, in dem sich jedoch kein für Fesselspiele geeignetes Möbel befand, weshalb Franz und Evelyn ins Schlafzimmer umzogen, wo das alte IKEA-Ehebett LEIRVIC (Metall, weiß, dekorative Form) geeignete Anknüpfungspunkte bot.

Nach der auch für Evelyn äußerst stimulierenden Nummer – sie hatte Franz an den Stangen des Betts mit Hand und Fußschellen so festgezurrt, dass sie seine Mitte *al gusto* benutzen konnte –, nach einem wunderbaren multiplen Orgasmus löste sie Franz' *Handcuffs* (die *Legcuffs* wollte er noch ein wenig anbehalten) und machte sich umgehend auf den Heimweg. Postkoitale Romantik war nichts für sie.

Nachdem Evelyn gegangen war, zündete sich Franz eine Zigarette an. Während der zweiten schlief er ein. Zwar wachte er auf, als der Feuermelder schrillte, aber er schaffte es nicht, seine Fußfesseln zu lösen. Evelyn hatte den Schlüssel unvorsichtigerweise an den äußersten Rand des neben dem Bett stehenden, mit Bücherstapeln vollgepackten Beistelltischchens LINDVED (Stahl, weiß, zwei kreisrunde Ablageflächen) gelegt. Als Franz nach dem Schlüssel greifen wollte, stieß er einen der Bücherstapel um (ein halbes Dutzend Bände ›*Wonder Woman*‹, obenauf Ingeborg Bachmanns ›*Simultan*‹) und schubste ihn über den Rand des Tischchens unerreichbar auf den Boden.

Für einen Harry Houdini wär's kein Problem gewesen. Franz aber war eskapologisch untalentiert.

Wäre er sonst Pastor geworden?

Fabian

In jeder Kultur finden wir eine beträchtliche Zahl unterschiedlicher Wege zur Anbahnung sexueller Beziehungen. In keiner führt nur ein einziger zum Ziel. Ebenso wenig steht schon bei der Geburt eines kulturfähigen Menschen fest, für welche Art von Sexualpartnern und -objekten er sich im Laufe seines Lebens interessieren wird. Kultur heißt Freiheit, Freiheit Möglichkeit und Möglichkeit Diversität. (Nur Wahn und Ideologie behaupten kausal und teleologisch monolinear ablaufende Prozesse.)

So kann beispielsweise das schöne Institut des elterlichen Ehearrangements selbst bei rigidester familiärer Observanz erotische Beziehungen zu anderen als den vom Vater vorgesehenen Sexualpartnern nicht sicher unterbinden. Ein Kind, das einen anderen als den väterlich vorgesehenen Ehepartner begehrt, findet beinahe immer einen Helfer, der einen rettenden Einfall hat, um die elterliche Fürsorge zu unterlaufen, selbst wenn dann nicht alles nach Plan läuft und ein Scheintod in eine (literarästhetisch allerdings höchst anrührende) elisabethanische Katastrophe führt.

Fabian Schnabels Liebesleben war von bundesrepublikanisch eingeschränkter Vielfalt. Aufgewachsen in einer westdeutschen Provinzgroßstadt – Eltern nach Zeit und Ortsmaßstab erfolgreiche Künstler (Nennbohemiens mit Sinn für finanzielle Sicherheit), Schule semipreußisch, Kultur und Sitten kryptokatholisch –, war die erste Frau, die ihn sexuell befriedigte, weder eine Freundin noch eine Prostituierte. Von der von ihm als Mangel empfundenen Negativität, trotz seiner zwanzig Jahre noch von niemandem außer sich selbst in sexueller Absicht berührt worden zu sein, half ihm erst eine Mitstudentin während einer Aktzeichenstunde in der von ihm nur mit mäßigem Enthusiasmus besuchten Kunstakademie ab.

In der hintersten Staffeleireihe neben ihm stehend, hatte die namenlose Schöne mit kennerischem Auge bemerkt, dass das nicht einmal völlig nackte, aber ungewöhnlich sinnliche weibliche Modell erotische Fantasien in ihm freigesetzt und die Mitte seines ephebenhaften Körpers zu einer auch sie reizenden Reaktion animiert hatte. Während ihre Kommilitoninnen konzentriert weiterzeichneten, schlenderte sie, wie an Fabians Zeichnung interessiert, langsam zu ihm hinüber und holte ihm, nachdem sie ihren rechten Arm behutsam von hinten unter seinen locker gebundenen Malerkittel geschoben hatte, mit geschickten Fingern den Schwanz aus der stramm sitzenden Hose. Sie verfuhr so unauffällig, dass niemand sonst in seiner künstlerischen Tätigkeit abgelenkt wurde. Keine Studienkollegin blickte auf oder unterbrach ihr künstlerisches Tun. Nur das erotisierende Modell bemerkte die verborgene Handarbeit, blieb aber professionell. Äußerlich gelassen, ließ sich die Schöne allerdings geistig anregen. Die liebevoll praktizierte Handreichung könnte eine anregende Erfahrung auch für den abends am Herd das Essen zubereitenden Freund sein. Es würde ihn möglicherweise dazu animieren öfter zu kochen.

Nach Fabians Lustexplosion – er gab sich Mühe ruhig zu bleiben, zeichnete auch weiter, konnte aber seinen Gesichtsausdruck nicht völlig unter Kontrolle halten, so dass dem mitfühlenden Aktmodell eine geradezu sakrale Wonne in Gesicht und Körper zog, die seine sinnliche Anmutung sichtbar modifizierte, ja gewissermaßen transzendierte, so dass sich die zeichnenden Mitstudierenden genötigt sahen – hier passt ausnahmsweise das nominalisierte Partizip Präsens –, ihre bisherigen mimetischen Annäherungen zu verwerfen und die schon fast fertigen Zeichnungen zu überarbeiten, was zu verzweifelten Korrekturversuchen führte, klaffte ja zwischen dem auf dem Blatt Gezeichneten und dem momentanen Urbild ein so offensichtlicher Ausdruckshiat, dass sich die ohnehin schon kaum erträglichen Selbstzweifel wie Pestbeulen aufs schwache Selbstbewusstsein legten –, nach erfolgreichem Abschluss des erotischen Intermezzos zog die Kurzzeitgeliebte vorsichtig ihre Hand unter Fabians Kittel hervor, wischte sich an ihrer Schürze das Sperma von den Fingern – nicht ohne sich vorzunehmen, die Schürze einmal in einer großen Londoner Galerie auszustellen –, betrachtete Fabians Porträtzeichnung und sagte schließlich so laut, dass alle es hören konnten, dass seine letzten Bleistiftstriche die besten von allen gewesen seien – sie hätten was Lockeres, Ungeplantes, Authentisches – und dass die Lehre von der künstlerischen Triebsublimierung nichts anderes als eine blutleere Erfindung eines gehemmten, ästhetisch unproduktiven, Zigarre rauchenden Scharlatanpsychologen sei.

Nach dieser gewissermaßen grassschen Einführung in die *Ars amandi* erhoffte sich Fabian von jeder seiner leider nicht zahlreichen Gespielinnen, dass auch sie ihn einmal auf eine so überwältigende und unabweisbare Weise überraschen würden wie jene Schöne. Selbst seine keineswegs hoch galoppierende

Phantasie entdeckte immer wieder Gelegenheiten für aufregende Aktionen, in Restaurants hinter tuchverhangenen Tischen, im Kino in der letzten Reihe, während eines Gottesdienstes auf der leeren Empore.

Leider aber wurden diese Okkasionen, trotz angestrengten Wünschens, von keiner seiner Gespielinnen jemals ergriffen. Weder die beiden vorehelichen Freundinnen noch seine erste Gattin, die aus Glaubensgründen nicht nur unschuldig in die Ehe gegangen war, sondern auch jeden zufällig daherkommenden frivolen Gedanken unterdrückt und die ehelichen Pflichten so ergeben wie eine Beate-Uhse-Puppe über sich hatte ergehen lassen – das Recht des Gatten auf lebenswierigen Besitz ihrer Geschlechtseigenschaften schloss ihrer Auffassung nach keineswegs die Pflicht ein, der wöchentlichen Inanspruchnahme anders als passiv zu willfahren –, keine seiner ersten drei Normgeliebten war sexuell ideenreich. Jedenfalls nicht mit ihm.

Und seine zweite Frau Evelyn, der er am fünfzehnten Hochzeitstag mehr umständlich andeutend als geradeaus von seinem geheimen Wunsch nach Unvorhergesehenem erzählt hatte, verstand offenbar schlicht nicht, was er wollte. Als sie sich am Abend nach seiner Offenbarung als *Lúthien Tinúviel* in einem mit Goldblumen bestickten knöchellangen Leinennachthemd zu ihm ins Ehebett gelegt, ihre Haare wie einen Strahlenkranz um ihren Kopf drapiert und mit Nachtigallenstimme ein *Mittelerde*-Schlaflied gesungen hatte, wusste er, dass jenes freudige Ereignis im Aktzeichensaal als eine Singularität in seinem Lebensbuch verzeichnet bleiben würde. Nach dem Lied, das ihn völlig abtörnte, hatte er nur noch ›Gute Nacht‹ gemurmelt und auf den Geschlechtsakt verzichtet.

Unaufgeregtes Dahinleben hat aber auch eine vorteilhafte Facette. Man kann es sich, wenn man eher buddhistisch heiteres Daseinsdesign als philosophisch fordernde Existenzgestaltung schätzt, ohne Anstrengung schönreden. Der rosa Blick auf die Welt gelingt besonders gut, wenn man des Denkens enträt. Praktische Ratgeber, wie ein Zustand gemüthafter Zufriedenheit bei vegetabilem Leben zu erreichen und dauerhaft einzurichten ist, finden sich in jeder gut sortierten Bahnhofsbuchhandlung.

Doch Fabian las wenig. Jedenfalls kein Vademecum für ein gelingendes Stoikerdasein. Weshalb sich nach sechsundzwanzig Ehejahren mit Evelyn die nur ein einziges Mal mit Glück gefüllte Liebeshoffnungskammer Herz in ein brodelndes Magmareservoir tiefen Abscheus gegen Frauen im Allgemeinen und Evelyn im Besonderen verwandelt hatte.

Nicht, dass sich Fabian von Evelyn unterdrückt gefühlt hätte. Nie hatte er ein böses Wort von ihr gehört, keinen Schrei, keinen Schimpf. Sie bekam bloß, wenn sie etwas verabscheute oder wünschte, einen so überwältigenden Rehkitz-Waidwundheits-, einen so hinterfotzigen Axolotl-Selbstlosigkeitsblick, dass er nicht anders konnte als auf der Stelle zu tun oder zu beschaffen, was sie wollte, beziehungsweise für immer zu lassen oder zu entfernen, was ihr Pein bereitete.

Es war auch nicht so, dass Fabian Evelyn geradezu hasste. Sie war ihm durch ihre hinterhältig unbedarft bedürftige Art einfach nur unerträglich geworden.

Allerdings bloß subcerebral. Der Zustand seines Herzens war nämlich weder Fabian noch Evelyn bekannt. Fabians Verstand hatte keinerlei Erkenntnisbeziehung zu seinem Gemüt, und Evelyns Gedanken mäanderten ausschließlich in virtuellen Narrativen. Intracerebral ahnten beide nichts von dem, was sich in Fabians Brust zusammengebraut hatte. Keine Solfatare, Mofetten oder Fumarolen, keine phlegräischen Felder machten das Ehepaar auf den verborgenen Unheilsherd aufmerksam.

Evelyn hätte es allerdings auch wenig gekümmert, wenn sie von einer geheimen Magmakammer in Fabians Herz gehört hätte. Wahrscheinlich hätte sie die Vorstellung einfach nur in ihre *mittelerdischen* Wunderweltsichten übernommen. Und Fabian hätte durch einen Freund explizit darauf aufmerksam gemacht werden müssen, dass er Gefahr lief, sich eines Tages in einen zerstörerischen Vulkan zu verwandeln, wenn er sich nicht ermannen würde, seine Frau auf den Topf zu setzen. Da er ausschließlich Techniknerds zu Freunden hatte, die wie er keine Schnittstelle zwischen Denken und Gefühl besaßen – ›*Anschauungen ohne Begriffe sind blind*‹ –, erfuhr er von den Risiken seiner Sklavennatur nichts. Eine Seelenanalyse-Smartphone-App hätte aufgeklärt, dass da etwas wohnte, aber die gab's zu seiner Zeit noch nicht. Wahrscheinlich hätte Fabian die App auch nicht genutzt.

Samstags und sonntags schlief Evelyn bis in den Morgen hinein, zumal sie freitags- und samstagsabends gewöhnlich lange mit irgendeiner *Mittelerde*-Cosplay-Geschichte beschäftigt war. Früher hatte auch Fabian freitags und samstags die Abende genossen – Schießen am Stand, anschließend ›Kimme & Korn‹ –, aber das war vorbei, seit er wegen einiger Gedecke zu viel an einem regnerischen Samstagmorgen nicht rechtzeitig für die Zubereitung des seltsam phantasielosen Wochenend-*Hobbit*-Frühstücks aus dem Bett gekommen war: zwei Sorten Honig (Löwenzahn, Klee), geriebene Nüsse, Quark, Rosinen, Haferflocken, drei Sorten Marmelade (Erdbeere, Kirsche, Heidelbeere), süßer Rahm, süßes Brot, zwei Sorten Käse (Schweizer, Cheddar), frisch geschnittenes Obst (Birne, Apfel, Banane), Milch, frisch gepresster Saft (Karotte, Orange), Kaffee, Tee (Pfefferminze, Hagebutten).

Fabian war erst nach seiner Frau aufgewacht. Sie saß, immer noch bekleidet mit dem ihr bis auf die spitzen Knöchel fallenden gelbrosa Elben-Nachthemd, am leeren Frühstückstisch und sah ihn mit großen, verweinten Augen an. Ein so miserables Gewissen hatte ihn noch nie im Griff gehabt. Er entschuldigte sich stotternd. Das werde nie wieder passieren, er werde das ›Kimme & Korn‹ nicht mehr betreten, nie nie wieder, weder am Freitag noch am Samstag noch an irgendeinem anderen Tag. Nie wieder.

Das war über ein Vierteljahr her. Auch aus dem Schützenverein war er ausgetreten. Es tat zu weh, nach dem Schießen nicht mit den Freunden ins ›Kimme & Korn‹ zu dürfen. Außer zu Falco, der ihn mit seiner Leidenschaft fürs Kunstschmieden auf ablenkende Nebenpfade lenkte, weg vom faden, semisuizidalen Nachdenken über sein Rentnerleben mit einer erotikfreien Tüll-Elfe, hatte er keinen Kontakt mehr zu den Schützen. Zwar umkreiste er zusammen mit seinem Dackel Alfredo einmal wöchentlich das ›Kimme & Korn‹ – montags, wenn die Kneipe geschlossen hatte –, aber das tat er aus therapeutischen Gründen. Ihm half der Anblick der unbelebten Gastwirtschaft, wenigstens für ein paar Tage Ruhe und Gelassenheit zu finden.

Heute aber war Fabian von Schmerz erfüllt. Eine Traueranzeige.

›Unbegreiflich! Unsere Angela ist einem tragischen Unfall zum Opfer gefallen. Wir werden ihr Andenken auf ewig ehren.‹

Worauf die Vornamen aller Vereinsmitglieder folgten.

Auch seiner.

Hatten sie ihn also nicht vergessen.

Evelyn hörte ihn leise schluchzen.

»Was hast Du? Ist jemand gestorben, den du kennst?«

»Ja, Angela. Angela Kröpfer.«

»Wer ist Angela Kröpfer? Ich kann nicht alle deine Bekanntschaften kennen.«

»Unsere Wirtin.«

Evelyn verstand nicht.

»Unsere ›Kimme & Korn‹-Wirtin.«

»Wieso unsere? Ich denke, Du gehst da nicht mehr hin. War sie krank?«

»Ein Schießunfall.«

»Das wundert mich nicht. Sei froh, dass du aus dem Verein ausgetreten bist.«

Nicht nur während der letzten Sekunden vor dem Tod kann das Leben eines Menschen vor dessen innerem Auge vorüberziehen. Und manchmal ist, was der Sehende sieht, erfreulich, manchmal nicht.

Fabian sah Charakterlosigkeit und Feigheit. Aus Angst vor Fehlentscheidungen hatte er in Entschlusssituationen immer nur Konventionelles gewählt. Statt für sich und seine Sache zu streiten, hatte er bei Widerstand kapitulationsartig nachgegeben. Ein so unnützes wie unschönes Leben.

Aber noch war's nicht zu spät. Fabian erkannte seine Frau, die nach dem Frühstück Sterne auf ein Feenkleid nähte, das erste Mal sehenden Auges. Er legte die Zeitung aus der Hand, stand auf, ging zum Herd, nahm einen an der Wand hängenden gusseisernen Bräter, holte weit aus und schlug ihn ihr mit größtmöglicher Kraft auf den noch ungekämmten Hinterkopf.

Der vom Paulus zum Saulus gewandelte Fabian beseitigte die Leiche ruhig und wohlüberlegt. (Blindheit und Fassungslosigkeit sind nur bei umgekehrter Wandlungsrichtung die Folge.) Er zog dem Leichnam das baumwollene Nachthemd aus, platzierte ihn auf eine auf den Küchenboden gelegte Plastiktischdecke mit Schmetterlingsdekor, schleifte ihn ins Bad, hob ihn in die Wanne, damit er dort kalt werde, und wischte das Blut von Stuhl und Boden.

Nach einem langen Spaziergang mit Alfredo zerteilte er mit dem neuen Black & Decker Teleskop-Hochentaster PS 7525 den steif gewordenen Leichnam in handliche Teile, die er, in drei blaue IKEA-Plastiktaschen verpackt, noch in der Nacht mit seinem alten VW Passat Kombi in seinen Schrebergarten fuhr, wo er sie – im Herbst war auch sonntags laute Arbeit erlaubt, wenn nicht gerade Grillwetter war – im Laufe des folgenden

Tags zusammen mit Evelyns Smartphone, deren SIM-Karte er entfernt und zerstört hatte, aufgelesenem Totholz und einem Dutzend erlegter Tauben im Häcksler zerkleinerte. Eine nicht unbefriedigende Tätigkeit. Statt auf den Kompostierhaufen schüttete er die etwas schleimige Masse in den trockengefallenen Brunnen, den er sowieso hatte verfüllen wollen, und bedeckte das farblich an Erbrochenes erinnernde Granulat bis zum Rand des Schachts mit Erde vom danebenliegenden Beet, das ohnedies einer Bodenerneuerung bedurfte.

(Den alten, nicht mehr früchtetragenden Kirschbaum (*Prunus Sylvia*), unter dem er im Juli, wenn es von Wespen wimmelte, gern onanierte, hatte er im September entfernt.)

Obenauf pflanzte er Besenheide (*Calluna vulgaris*).

In der folgenden Nacht schlief er gut und fest.

Am Montagmorgen rief er die Polizei an.

Seine Frau sei nicht von ihrem üblichen Wochenend-Cosplay-Treff nach Hause zurückgekommen; ja, er habe schon versucht, sie zu erreichen, aber sie gehe nicht an ihr Handy; eigentlich müsste sie bei der Arbeit sein, sei sie aber nicht, er habe im Amt schon angerufen; nein, er wisse nicht genau, wo die Cosplay-Treffen stattfänden, in irgendeinem Freizeitheim, glaube er.

Die Polizistin war empathisch und meinte, ihn beruhigen zu müssen.

Die meisten vermissten Erwachsenen würden nach wenigen Tagen wieder auftauchen; er solle sich keine übermäßigen Sorgen machen.

Übermäßige Sorgen machte er sich auch nicht. Aber das sagte er ihr nicht.

Falco

Am zehnten Oktober abends halb sieben war Falco seit neun Tagen tot. Er lag auf dem Rücken in einer Mulde drei Meter neben dem Fußweg zum ›Kimme & Korn‹, Beine gespreizt wie ein in eine Hüftschiene gezwängtes Baby, Mund offen. Angelas Schuss aus der Hüfte hatte ihn mitten in die Stirn getroffen, eine Krähe, die sich von den Massen an Tauben nicht hatte vertreiben lassen, ein paar Streifen Fleisch aus dem zerfetzten Gesicht und dem Mund gepickt, und auch sein Schwanz, zum Pinkeln aus dem Hosenschlitz gezogen – er hätte nur noch fünfundzwanzig Meter zum Vereinslokal gehabt, aber schaff die mal, wenn du Prostata und Harndrang hast –, war nicht mehr als solcher erkennbar. Eine hungrige Ratte.

Sein Gewehr, das er ein wenig von sich weggehalten hatte, um es nicht versehentlich anzupinkeln, lag schräg nach oben gerichtet über seiner rechten Hüfte. Er hielt es auch im Tod noch fest. Um während des Pinkelns gerüstet zu sein, eine unvorsichtige, nah herangetrippelte Taube zu erledigen – Falcos Schießkünste waren bescheiden, einen Zehner hatte er noch nie geschossen, nicht mal einen Neuner oder Achter –, hatte er den Zeigefinger in den Abzug gesteckt. Dort stak er auch jetzt noch.

Obwohl also schon lange tot, wurde Falco nicht vermisst, was aber nicht daran lag, dass er einsam und beziehungslos gelebt hätte. Die letzten dreißig Stunden vor dem Unfall hatten sogar zu den geselligsten seines Lebens gehört. Seine Freunde gingen nur davon aus, dass er verreist war, nach Malle, mit seiner Frau. Er hatte allen davon erzählt.

Der dreißigste September war dank zweier Wochen aufgesparten Resturlaubs sein letzter Arbeitstag gewesen: Rente.

Da er den Kollegen immer wieder erzählt hatte, dass er von einer Reise nach Fernost träume – einmal den Fuji, den Tempel Kinkakuji, den Großen Buddha von Kamakura sehen –, hatten sie ihm zum Abschied ein wunderbares originaljapanisches Buffet auf die Beine gestellt. Der Kantinentresen war mit Drachengirlanden, Karpfenfahnen und geheimnisvoll glühenden Kirschblütenlampions geschmückt – Schneider vom Rechnungswesen hatte den schönen Hinweis beigesteuert, dass Japan das Reich der Zeichen sei –, unter der Dekoration standen lange Reihen Sake, Asahi Super Dry Beer, Shôchû und Sushi (Inari, Chirashi, Nigiri und Norimaki), an den Wänden hingen Schwarzweißkopien alter japanischer Kinoplakate (›*Godzilla*‹, ›*Rashomon – Das Lustwäldchen*‹, ›*Yojimbo – Der Leibwächter*‹).

Falco sollte wissen, dass sein Amt ihn liebte.

Wie üblich bei der Verabschiedung altgedienter Mitarbeiter gab's Ansprachen vom amtierenden Dezernenten und vom Hauptabteilungsleiter, aus Frauen-Gleichstellungsgründen aber auch von Evelyn Federle, der stellvertretenden Abteilungsleiterin Finanzregistratur, deren Rede sich durch ein Potpourri launiger *Mittelerde*-Vergleiche erfreulich von den Reden ihrer wenig spritzigen Chefs abhob, die in ihren immer gleichen Ansprachen nur Namen und biografische Daten änderten.

Um vierzehn Uhr war Schluss, Feierabend. Fast alle gingen. Nur Falco und eine Handvoll Kollegen, die zum Quartalsende noch ein paar Stunden auf ihrer Stempelkarte brauchten, blieben. Falco war's warm ums Herz. Das Amt war sein Zuhause, war Wärme und Heimeligkeit gewesen, nicht das 08/15-Wüstenrot-Häuschen, das er und seine Frau vor dreißig Jahren in einem einen Grundstücksspekulanten reich machenden Neubaugebiet am Rand der Stadt gebaut hatten und seit zehn Jahren, nach dem Auszug der Kinder, allein bewohnten.

Nach zwei Gläsern Sake, drei Flaschen Asahi und vier doppelten Shôchû trieb es Falco daher nicht heim. Er hielt es für unwahrscheinlich, dass seine Frau sich auf ihn freute. Lieber ins ›Kimme & Korn‹. Zumal es schon halb sechs war.

Als Falco die Kneipe betrat, saßen schon seine Freunde Lutz und Erich da und grinsten ihn breit an, Erich offen und fröhlich, Lutz etwas schief. Kindliche Freude hatte Lutz nicht gelernt. Auf dem Stammtisch stand, raffiniert minimalistisch, nichts als eine Pyramide halber, mit Pfeffer und Salz verfeinerter Mettbrötchen, als alkoholsaugende Grundlage für das zu erwartende Gelage. Lutz und Erich hatten fest mit ihm gerechnet.

Auf Freunde ist Verlass.

Zwischen den beiden saß Vicco, erst seit wenigen Monaten Schützenbruder. Zu seinem Vierzigsten hatte er der ihn quälenden Sehnsucht nach einem Jagdersatz nachgegeben. Er lächelte auch, allerdings noch verhaltener als Lutz. Gewissermaßen feinsinniger. Vielleicht aber auch nur verzweifelter.

Gewöhnlich kam Vicco wie Falco ausschließlich freitags und nur um zu schießen. Im ›Kimme & Korn‹ war er erst ein einziges Mal gewesen, zur zeremoniellen Aufnahme in den Verein. Falco wusste von Vicco nur, was dieser in seiner Dankesrede nach der Aufnahme erzählt hatte: Dass sein Vater ihn während des jährlich im September stattfindenden Besuchs des umbrischen Heimatdorfs mit auf die Singvogeljagd genommen habe, dass das Jagen ihm gezeigt habe, wie wichtig die Fähigkeit sei, sich in andere hineindenken zu können – wer nicht wie ein Zugvogel denken könne, verpasse die Schwärme –, und dass er deswegen Psychologe geworden sei.

Nach den Ruhestandsgratulationssprüchen seiner drei Freunde und der ersten von Angela spendierten Runde gab Vicco ein überraschendes Gesprächsthema vor.

»Ihr seid durch. Ich muss noch fünfundzwanzig Jahre. Die werden aber nicht so toll wie eure.«

Falco und Erich, die beiden ehemaligen städtischen Angestellten, sahen sich erstaunt an. Was sollte an einem vierzigjährigen Ämtlerdasein toll sein? Ja, Heimat, gewissermaßen, das ja – warum sonst hätten sie erst zum Fünfundsechzigsten in Rente gehen sollen? –, stressig war's auch eher selten, aber toll?

Lutz sah etwas unempathisch aus. Da ihn seine Abmachung á la Aby Warburg davon befreit hatte, sich durch die Ursündenfolge Arbeit Einkommen verschaffen zu müssen, waren ihm Themen rund ums Erwerbsleben nur indirekt, aus Büchern bekannt. Allerdings reichte ihm diese vermittelte Erfahrung. Er hatte nicht das Gefühl, durch Nichtarbeit etwas Wesentliches versäumt zu haben. Gleichwohl musste der im Mienenlesen geübte Vicco nicht explizit gebeten werden, die erstaunliche Behauptung näher zu erläutern.

»Mehr als die Hälfte meiner Patienten sind sexuell unbefriedigte *Trophy Wives* und *Bling-Bling Girls*, die meinen, mir mit ihren theatralischen Schilderungen der immer selben Langeweileprobleme, die sie sich während der Pedicure aus Hochglanzzeitschriften angelesen haben, die Zeit stehlen zu dürfen. Sie glauben, ein Psychocoach gehöre zu ihrer *Life Leisure Balance*. Ihr Leben soll aufregender werden. Und ich soll's richten.«

Angela kam mit einer zweiten Runde Bier.

»Dann gibt's noch die, die wirklich krank sind. Aber in der Regel kann ich den tatsächlich Irren auch nicht helfen. Es ist ein Elend. Die einen wollen nicht geheilt werden, für die anderen gibt's keine Therapie. Absolut frustrierend.«

Die Biere hatten perfekte Schaumkronen. Feinblasig, fest, hoch.

»Ärzte, Anwälte und Priester gibt's nur, weil die Menschheit geistig zerrüttet ist.«

Falco, Erich und Lutz nickten, Lutz heftig. Über geistige Zerrüttung hatte er schon oft nachgedacht.

»Ihr könnt euch gar nicht vorstellen, wie's mich anekelt, narzisstische Borderline-Patientinnen auf Spur zu bringen.«

Falco und Erich dachten an ihre Frauen.

»Ihr dagegen schafft was. Was Schönes, was Nützliches.«

So hatten's Falco und Erich noch nicht gesehen. Deshalb verdienten Ärzte so viel! Schmutzzulage! Wahrscheinlich waren sie noch total unterbezahlt. In Falco stieg Stolz auf. Zweiundvierzig Jahre Bauamt, zweiundvierzig tolle Jahre. Wenn Vicco das sagte, musste es stimmen. Es wurde ein fabelhafter Abend. Erst lange nach Mitternacht umarmte Vicco seine drei neuen Freunde und fuhr sie nach Hause.

»Ich weiß, wie man Bullen vormacht, nichts getrunken zu haben.«

Toller Einsatz! Leider konnte Vicco seine Fähigkeit, trotz dreizehn Gedecken nüchtern zu wirken, aber nicht beweisen. Die Polizei hielt sie nicht an.

Um drei war Falco zuhause. Alles dunkel. Auf Zehenspitzen hoch ins Schlafzimmer und leise ins Bett.

Die Alte zeterte nicht, zischte nicht mal.

Nicht nur der Tag, auch sein Ende war gelungen.

Der neue Tag sollte auch gelingen.

Jedenfalls bis zum Abend.

Falco wachte mittags auf. So lange hatte er schon lange nicht mehr geschlafen. Schon allein deswegen, weil Greta ihn jeden Morgen, egal ob wochentags, samstags oder sonntags, Punkt sieben mit einem ›Steh auf! Tu was!‹ geweckt hatte.

Heute hatte sie ihn nicht geweckt.

Weshalb auch immer.

Kurzer Blick nach rechts. Das Bett war leer. Vermutlich saß sie in der Küche und löste Sudokus. Also aufstehen und das tägliche Gegeifer abholen. Vermeiden ließ es sich sowieso nicht. Anschließend in den Keller. Vorgestern Abend hatte er einen Igel fertig geschmiedet. Den wollte er sich ansehen. Duschen konnte er später. Doch in der Küche war sie nicht. Stattdessen auf dem Küchentisch einer seiner alten Liebesbriefe von vor über dreißig Jahren, jetzt aber auch rückseitig beschrieben:

F. Mir vorzustellen, dass du jeden Tag zuhause rumlungerst, macht mich ganz krank. Ich gehe. Für immer. Glaub bloß nicht, dass ich wiederkomme. Wenn du willst, kannst du das Haus behalten. Ich habe es sowieso immer gehasst. Nach deinen Vorstellungen gebaut! So sieht es aus! Ein mieses Loch! Ich habe es schätzen lassen, 210.000 €. Die Hälfte gehört mir. Auch wenn du mehr rausholst. Ich hasse und verachte dich. G.

PS: Kontakt ab sofort nur noch über meinen Anwalt. Er wird sich bei dir melden.
PPS: Den Urlaub nach Mallorca habe ich umgebucht. Ich fliege jetzt mit Effi. Du hast sicherlich nichts dagegen.
PPPS: Meine Möbel hole ich nach dem Urlaub ab.
PPPPS: Die Hälfte vom Auto gehört mir auch, Schätzwert nach Schwacke 5.500 €.

Sie hatte bei Verdi gearbeitet. Da achtete man auf Formen und Fakten.

Falco grinste. Wie oft hatte er sich gewünscht, dass seine Frau abhauen würde. Mit einem anderen. Nach Südamerika. In die Psychiatrie. Egal, Hauptsache weg. Endlich hatte sie's gemacht.

Erst mal eine Zigarette.

Die letzte zuhause war dreißig Jahre her.

Er war glücklich. Ab sofort würde er sich dem Kunstschmieden widmen können, ohne mit beleidigenden Kommentaren seiner Frau rechnen zu müssen, Stangenhasen zum Einstecken in die Erde, Raben zum Aufhängen in die Bäume, Eichhörnchen und Amseln, Habichte und Füchse, Flughunde und Dachse, vielleicht sogar Rehe.

Nur Tauben nicht. Von Tauben hatte er genug. Der einzige Mensch, den er kannte und Tauben immer noch etwas abgewann, war Greta. Die vögeln wenigstens, hatte sie ihm kürzlich zum Abschluss einer ihrer Hasstiraden an den Kopf geworfen.

Die Zigarette schmeckte wunderbar.

Er ging ins Wohnzimmer und von dort auf die Terrasse. Den Garten hatte seine Frau immer als ihren betrachtet: ›Mein Garten.‹ Die wenigen schmiedeeisernen Tiere, die er hatte aufstellen dürfen, würde er in seine neue Behausung mitnehmen. Sein Freund und Schützenbruder Fabian – dessen Frau Evelyn würde er gern mal kennenlernen, musste eine Hexe sein wie seine, hatte vor einem Vierteljahr dem armen Fabian verboten, das ›Kimme & Korn‹ zu besuchen, weshalb er aus dem Verein ausgetreten war –, Fabian hatte vor ein paar Tagen erzählt, dass in seiner Schrebergartenkolonie eine Parzelle mit einem kleinen Häuschen zum Verkauf stünde, »da kann man auch drin wohnen«. Vielleicht war das was? Er könne, hatte Fabian gesagt, als er mit trauriger Miene berichtet hatte, dass seine Frau ihm nicht erlaube, noch mehr Tierchen im Garten aufzustellen, die Parzelle mit seinen Eisentieren völlig zubauen. Die würden keinen stören, solange das Grundstück gepflegt aussähe.

Fabian hatte noch grinsend hinzugefügt, dass Greta von dem Schrebergarten nichts erfahren müsse. Aber diese Vorsichtsmaßnahme war ja jetzt hinfällig.

Nach der lustvoll ausgiebigen Dusche – ab jetzt würde ihm Greta keine Vorwürfe mehr machen, dass er unnötig Wasser und Energie verschwende – rief er Fabian an, erzählte kurz, was passiert war, und verabredete sich mit ihm. Kurz nach vier nahm er sein Gewehr, das er gestern Abend mit nach Hause genommen hatte – für Sportschützen laut TauNoWeP § 15 Absatz 3 Satz 2 bis auf weiteres erlaubt –, zog seinen zerknitterten Mantel an und machte sich, das Auto stand noch auf dem ›Kimme & Korn‹-Parkplatz, zu Fuß auf den Weg.

Das Gartenhäuschen war wunderbar, groß genug für ihn und winterfest. Fabian hatte nicht übertrieben. Handschlag und abgemacht. Schließlich war Fabian der Vorsitzende des Vereins. Anfang Dezember wäre der Garten frei.

Nach drei Pils ging Falco weiter zum ›Kimme & Korn‹, seit langer Zeit mal ohne schlechtes Gewissen. Er wollte trinken, bis er nicht mehr konnte, und danach mit dem Taxi nachhause fahren. Sein Auto konnte auch noch eine weitere Nacht bei der Kneipe stehen.

Greta hatte ihm das Taxifahren immer verboten.

Leider konnte Falco die beiden edlen Vorhaben nicht mehr durchführen. Zum Trinken kam er gar nicht mehr. Und er fuhr zwar mit einem fremden Auto wieder vom ›Kimme & Korn‹ weg, aber es war kein Taxi. Und er fuhr auch nicht nachhause. Jedenfalls nicht so nachhause, wie man außerhalb religiöser Zirkel diese sprachliche Wendung versteht.

Zwanzig Meter vorm ›Kimme & Korn‹ musste er: Ab ins Gebüsch.

Wenn er nicht so sehr darauf geachtet hätte, sein Gewehr nicht zu bepinkeln, hätte er den Schuss durch einen Schrei vielleicht verhindern können. Natürlich hörte er Angela und Erich. Schließlich hatte er's nicht an den Ohren. Als er aber endlich aus dem Dunkel heraus in Richtung Kneipe blickte, war's zu spät. Das letzte, was er mit seinen Augen von dieser Welt wahrnahm, waren der Fußweg zum ›Kimme & Korn‹, die warm leuchtenden Fenster des Vereinslokals und Angelas und Erichs Silhouetten.

Entdeckt wurde Falcos Leichnam neun Tage später von Alfredo, Fabians Langhaardackel.

Fabian, der nach dem Verfüllen der geschroteten Überreste seiner Frau im trockengefallenen Brunnenschacht seines Schrebergartens die ihm seit dem Austritt aus dem geliebten Verein zum Ritual gewordene, allerdings jetzt durch die Trauer über den Tod Angelas etwas getrübte montägliche Nostalgierunde ums geschlossene ›Kimme & Korn‹ drehte, hatte Alfredo ausnahmsweise in der Nähe des Schießstandes von der Leine gelassen, was der jagdlüsterne Teckel sofort für Erkundungen am Wegesrand nutzte. Fünfundzwanzig Meter vorm ›Kimme & Korn‹ zog ihm ein unbekannter süßlicher Geruch in die Nase. Der merkwürdig verdrehte Körper, den Alfredo im Unterholz fand, rührte sich nicht, obwohl Alfredo ihn tapfer anbellte. Warum nicht mal mit den Vorderpfoten anstoßen?

Der Ruck, der durch Falcos Arm ging, setzte sich bis zum mit Bedacht in den Abzug gesteckten Zeigefinger fort.

Ein Meisterschuss. Die Kugel traf Fabian, der, vom aufgeregten Bellen aus seinen melancholischen Gedanken gerissen, missmutig hinter Alfredo hergelaufen war, mitten in den zum Zurückrufen des Dackels sich gerade öffnenden Mund.

Nicht immer ist es ratsam nachzusehen, was der Hund hat, wenn er bellt.

Über den Autor

Jost Merscher wurde 1952 in Montreal/Kanada geboren. Er studierte zunächst Mathematik & Physik (Pflicht), nach erfolgreichem Abschluss Philosophie & Geschichte (Kür). Einige Jahre arbeitete er kaufmännisch, bevor er als bildender Künstler und als Autor tätig wurde.
Jost Merscher lebt und arbeitet in Hannover. Zusammen mit Martin Murch verfasste er bereits den Roman ›*Tage der Tauben*‹ (Ganymed Edition 2019).

Mehr von Jost Merscher bei Ganymed

Tage der Tauben
Roman von Jost Merscher & Martin Murch
Originalausgabe, 268 Seiten
Hardcover mit Schutzumschlag und Lesebändchen:
18,- Euro, ISBN 978-3-946223-65-8
eBook:
4,99 Euro, ISBN 978-3-946223-69-6

Blick hinter Kulissen, die zuvor noch keiner sah

Über Nacht taucht er auf: ein rätselhafter weißer Kubus. Wie vom Himmel gefallen, besetzt er eines Morgens einen Platz mitten in der Provinzhauptstadt Hannover – und verändert alle und alles. Jost Merscher und Martin Murch erzählen in ihrem Roman vom Irrwitz, der hinter dem Vorhang der Alltagswirklichkeit seine Streiche spielt, vom Zauber der Kunst und von der geheimnisvollen, bislang verborgenen Parallelgesellschaft der Tauben.

www.ganymed-edition.de

www.ganymed-edition.de